LA VÉRITABLE HISTOIRE

*Collection
dirigée
par
Jean Malye*

Marc Aurèle prit la parole : « Pour mon compte, dit-il, Zeus et vous autres dieux, il n'y a pas besoin de discours ni de dispute. Si vous ignoriez mes actions, il conviendrait que je vous en instruise. Mais puisque vous les connaissez, qu'absolument aucune ne vous échappe ; à vous seuls de reconnaître mes mérites. »

L'empereur Julien, *Les Césars*, 29.

LA VÉRITABLE

HISTOIRE

DE

MARC AURÈLE

Textes réunis et commentés
par
Paméla Ramos

LES BELLES LETTRES

2009

Pour consulter notre catalogue
et découvrir nos nouveautés
www.lesbelleslettres.com

Un grand merci à Éric Minvielle-Guillemarnaud
et Nicolas Daillie pour leur aide précieuse et leur
soutien sans faille.

© 2009, Société d'édition Les Belles Lettres
95, boulevard Raspail 75006 Paris.
www.lesbelleslettres.com

ISBN : 978-2-251-04004-2
ISSN : 1968-1291

À ma mère Geneviève Moreau-Bucherie,
et à ma tante Pascale Gilbert.

Dans le corps du texte, les textes en italiques sont de Paméla Ramos et ceux en romains sont d'auteurs anciens, excepté pour les annexes.

LE DERNIER DES ANTONINS

Si, par comparaison, l'on songeait à toute la période qui s'est écoulée depuis Auguste – époque à laquelle l'autorité romaine finit par n'être exercée que par un seul homme – jusqu'aux jours de Marc Aurèle, on ne saurait trouver, dans cet espace d'environ deux cents ans, ni d'aussi continuelles successions d'empereurs que depuis la mort de ce dernier, ni d'aussi fréquents retournements de fortune dans les guerres menées entre citoyens ou contre des étrangers, ni d'aussi nombreux mouvements de population et prises de villes dans notre territoire comme chez une foule de Barbares, ni autant de tremblements de terre, de pestilences ou – sujet qu'auparavant on évoquait rarement, voire pas du tout – de destins étonnants de tyrans et d'empereurs.

Hérodien, *Histoire des empereurs romains*, I, 4.

Nous sommes au IIe siècle après J.-C., à Rome, en 161. Le « siècle d'or » de l'Empire romain, incarné par la lignée des Antonins, a vu se succéder Nerva, Trajan, Hadrien et enfin Antonin le Pieux, tous appréciés du peuple. Le choix du souverain ne se fait plus par transmission dynastique mais par adoption, et chaque empereur en place choisit son successeur en nommant son favori « César » de son *vivant, lequel deviendra, à la mort de son père adoptif, « Auguste » à son tour.*

L'équilibre de l'empire et sa relative prospérité atteignent leur apogée sous Antonin le Pieux, rassurant, mais immobile. S'il y a peu d'éléments marquants à retenir de son règne, celui de Marc Aurèle débute sous des auspices moins favorables, et les prémisses des déconvenues de l'Empire, proche de son déclin, se feront plus péniblement sentir.

De cette succession dorée qui fit de la tempérance, de l'indulgence et du souci du peuple une priorité indiscutable, Commode seul, fils de Marc Aurèle, se démarquera par sa brutale stupidité.

Ainsi la naissance de son père voit-elle venir au jour, le dernier des véritables Antonins.

UNE JEUNESSE
AU CŒUR DU PALAIS ROYAL

Je remercie les dieux d'avoir eu de bons aïeuls, un bon père et une bonne mère, une bonne sœur, de bons maîtres, de bons familiers, des parents et des amis presque tous bons, de ne m'être jamais laissé aller à un manquement envers aucun d'eux. [...] C'est un bienfait des Dieux d'avoir été subordonné à un Prince, mon père[1], qui devait m'enlever toute vanité et m'amener à comprendre qu'on peut vivre bien à la cour sans avoir besoin de gardes du corps, d'habits et de parade, de lampadaires et de statues, de tout faste quelconque.

Marc Aurèle, *Pensées*, I, 17.

26 avril 121 après J.-C., sous le règne d'Hadrien : Domitia Lucilla la jeune, femme du préteur[2] Annius Vérus, accouche du petit Marcus Annius Vérus, futur Marc Aurèle[3]. Sa tante, Faustine l'aînée, sera bientôt mariée à Antonin le Pieux, choisi comme successeur à Hadrien.

1. Marc Aurèle mentionne ici Antonin le Pieux, son père adoptif, et non son père naturel.
2. Magistrat chargé de rendre la justice.
3. Afin de faciliter la compréhension des textes, nous avons choisi de nous en tenir à l'appellation « Marc Aurèle » pour tous les passages le mentionnant.

Marc Aurèle naquit à Rome le six des calendes de mai, dans les jardins du mont Célius. Il cultiva pendant toute sa vie la philosophie, et l'emporta sur tous les empereurs par la pureté de ses mœurs.

Il était fils d'Annius Vérus, lequel mourut préteur. Son grand-père Annius Vérus, consul et préfet de Rome, fut agrégé aux patriciens. Son oncle paternel, Annius Libon, fut consul ; sa tante Galeria Faustine porta le titre d'Auguste ; sa mère Domitia Calvilla Lucilla était fille de Calvisius Tullus, qui avait obtenu deux fois le consulat.[4]

Histoire auguste (Julius Capitolinus), Vie de Marc Aurèle, I, 1-2.

Son surnom Vérissimus, « le très juste », d'après son premier patronyme, est consacré par Justin qui dans son Apologie pour les Chrétiens, *composée sous Antonin le Pieux, nomme ainsi le jeune César.*

Il porta d'abord le nom de son aïeul, et de son bisaïeul maternel Catilius Sévère. Mais, après la mort de son père, Hadrien le nomma *Annius Vérissimus* ; et lorsqu'il eut pris la toge virile[5], il fut, son père étant mort, élevé et adopté par son grand-père, sous le nom d'Annius Vérus.

Histoire auguste (Julius Capitolinus), Vie de Marc Aurèle, I, 3.

4. Se référer à la généalogie en annexe.
5. Toge blanchie à la craie que les adolescents revêtent généralement entre 14 et 16 ans, vers le 17 mars lors des fêtes religieuses *Liberalia*, et symbolisant leur passage dans la vie adulte, et la prise de leurs fonctions civiques.

Marc Aurèle régna dix-huit ans. Il se montra doté de toutes les vertus et d'un génie divin, et s'opposa aux malheurs publics contre lesquels il fut en quelque sorte un protecteur. Car s'il n'était pas né pour cette époque, il ne fait guère de doute que tout l'État romain se fût écroulé d'un seul coup.

Pseudo-Aurélius Victor, *Abrégé des Césars,* XVI, 1-2.

Il fut élevé dans l'intimité d'Hadrien, qui, comme nous l'avons dit plus haut, l'appelait Vérissimus. Ce prince lui accorda même, à six ans, le privilège de se servir des chevaux de l'État, et, à huit, l'honneur de faire partie du collège des Saliens[6]. Marc Aurèle eut, dès cette époque, un présage de son avènement à l'empire le jour où tous les prêtres de ce collège jetèrent, selon l'usage, des couronnes sur le lit sacré de Mars, ces couronnes allèrent tomber qui d'un côté, qui de l'autre ; et la sienne, comme si une main l'eût dirigée, se posa sur la tête du dieu. Il fut, durant ce sacerdoce, l'ordonnateur des cérémonies Saliennes, le chef de la musique et le maître des initiations. Il consacra plusieurs prêtres et en destitua d'autres, sans le secours de personne ; car il avait appris tous les hymnes d'usage. Il prit la toge virile à l'âge de quinze

6. *Collège des Saliens* est une appellation générique désignant deux équipes de prêtres, chargés d'effectuer des danses sacrées avant le départ des guerriers, puis lors de leur retour, en vue de les réintégrer à la vie civile. Il s'agissait d'ouvrir et de fermer la saison de la guerre, ou, comme on le disait alors, de « mettre en mouvement », puis de « ranger » les boucliers.

ans, et aussitôt la fille de L. Céjonius Commode[7] lui fut fiancée, d'après la volonté d'Hadrien. Peu de temps après, il fut nommé préfet de Rome, pendant les féries latines[8]. Il fit éclater dans ces fonctions une grande magnificence, qu'il remplissait pour les magistrats ordinaires, et dans les festins dont l'empereur Hadrien l'avait chargé. Il céda ensuite à sa sœur tout le patrimoine qui lui venait de son père. Lorsque sa mère l'appela au partage, il répondit que les biens de son aïeul lui suffisaient ; et il ajouta qu'il la laissait entièrement libre de donner à sa sœur ce qu'elle possédait, voulant qu'elle ne fût pas moins riche que son époux.

Histoire auguste (Julius Capitolinus), Vie de Marc Aurèle, IV.

Le 31 décembre 137, Hadrien, qui avait placé ses espoirs de succession dans un jeune homme charmant mais à la santé fragile, Lucius Aelius César, voit ses plans bouleversés : son favori, qu'on pense à l'époque être également son amant, meurt prématurément. Fatigué, contrarié et malade, l'empereur reporte son intérêt sur un certain Aurélius Fulvius Boionus Arrius Antoninus. Celui-ci devient, dès le 25 janvier 138, par adoption, Aelius César Antoninus, et se voit promettre l'empire, à condition d'adopter lui-même le jeune Marc Aurèle, ainsi que le fils de son amant disparu, un certain Lucius Vérus.

7. Le futur Aelius César, adopté par Hadrien en vue de régner, voir plus loin.

8. Fêtes annuelles de quatre jours qui célébraient l'alliance des peuples romains.

Aelius Vérus César une fois mort, Hadrien, alors grandement malade, adopta Arrius Antoninus – qui par la suite fut nommé Antonin le Pieux – mais à condition qu'il adopterait de son côté deux fils, Annius Vérus[9] et Marc Aurèle. Pour ce qui est d'Antonin le Pieux, on dit qu'il fut appelé ainsi parce qu'il soutenait de son bras son beau-père affaibli par l'âge, d'autres, cependant, disent qu'on lui attribua ce surnom pour avoir soustrait de nombreux sénateurs à la cruauté nouvelle d'Hadrien ; d'autres que c'était pour avoir accordé précisément à Hadrien de grands honneurs après sa mort.

Histoire auguste (Spartien), Vie d'Hadrien, XXIV, 1, 3-5.

Le 10 juillet de la même année, Hadrien meurt à 62 ans.

Hadrien, désormais pris du plus profond dégoût de vivre, donna l'ordre à un esclave de le transpercer d'une épée. Quand ce fut découvert et porté jusqu'à la connaissance d'Antonin, Hadrien vit entrer chez lui les préfets et son fils qui lui demandèrent de supporter d'une âme égale le caractère inéluctable de la maladie ; irrité contre eux, Hadrien donna l'ordre de tuer celui qui l'avait trahi ; Antonin, cependant, le sauva. Il tenta une seconde fois de se tuer, mais on lui arracha le poignard des mains, ce qui redoubla sa fureur. Il demanda même du poison à son médecin qui, pour ne pas lui en donner, se tua lui-même.

---

9. Il s'agit de Lucius Vérus, le fils d'Aelius Vérus César.

Après quoi Hadrien gagna Baïes, laissant Antonin à Rome pour gouverner. Là comme aucune amélioration ne se produisait, il envoya chercher Antonin et mourut sous ses yeux à Baïes même, le sixième jour avant les ides de juillet.

> *Histoire auguste (Spartien),*
> *Vie d'Hadrien,* XXIV, 8, 9, 11, 12 ; XXV, 5.

Marc Aurèle a 17 ans et doit alors quitter sa famille pour le palais royal où l'attend son père adoptif Antonin le Pieux. Il espère y être élevé aux valeurs qui feront de lui, plus tard, l'empereur de Rome. Antonin ne tarde pas à lui donner en fiançailles sa fille Faustine la jeune, mais se jugeant trop jeune, Marc Aurèle ne décidera de l'épouser qu'en 145, à 24 ans.

Lorsqu'Antonin le Pieux alla chercher les restes d'Hadrien mort à Baïes, Marc Aurèle fut laissé à Rome : il rendit les derniers devoirs à son aïeul, et quoiqu'il fût questeur[10], il donna, comme un simple citoyen, un spectacle de gladiateurs. Aussitôt après la mort d'Hadrien, Antonin le Pieux, déclarant nulle la promesse de mariage faite par Marc Aurèle à la fille de Lucius Céjonius Commode, lui fit proposer par l'impératrice la main de sa fille Faustine. Marc Aurèle, se trouvant encore trop jeune, demanda du temps pour y penser. Cependant l'empereur le désigna, quoiqu'il fût encore questeur, pour être son collègue au consulat ; il lui conféra en même temps le titre de

---

10. Magistrat chargé de l'administration des finances.

César[11], et le créa sévir de cavalerie[12]. Il lui assigna pour demeure le palais de Tibère[13], l'entoura, malgré lui, de tout l'appareil de la puissance, le reçut, d'après un décret du Sénat, dans les collèges des prêtres et, en prenant possession de son quatrième consulat, le désigna consul pour la seconde fois. Ainsi comblé d'honneurs, et admis dans tous les conseils de son père, qui voulait le former au gouvernement de la République, [Marc Aurèle] n'en montra pas moins d'ardeur pour l'étude.

Quelque temps après il épousa Faustine, dont il eut une fille. Il fut ensuite revêtu de la puissance tribunitienne et du pouvoir proconsulaire[14], hors de Rome ; distinctions auxquelles on ajouta le droit de proposer cinq affaires au Sénat dans une même séance. Il avait tant de crédit auprès d'Antonin le Pieux, que ce prince avançait difficilement quelqu'un sans son agrément.

Il témoigna toujours la plus grande déférence à son père Antonin, répondant ainsi aux secrètes calomnies répandues contre lui par quelques envieux, dont un qui, voyant Lucilla, la mère de Marc Aurèle, prosternée, dans un verger, devant la statue d'Apollon, dit tout bas à Antonin le Pieux : « Elle prie le ciel

---

11. C'est-à-dire choisi pour succéder à l'empereur lorsqu'il mourra.

12. Officier en charge d'une des six décuries de cavalerie.

13. Empereur romain de 14 à 37 ap. J.-C.

14. Ensemble des moyens d'action du tribun (représentant d'une partie du peuple), puis du proconsul (homme exerçant l'administration d'une province romaine).

de terminer vos jours, et de donner le trône à son fils. » Mais ces insinuations n'eurent aucun pouvoir sur l'empereur ; tant la vertu de Marc Aurèle était connue, tant sa modération dans l'exercice du pouvoir était grande.

Histoire auguste (Julius Capitolinus), Vie de Marc Aurèle, VI.

Antonin le Pieux prend donc à son tour l'éducation du jeune prince en charge. Celui-ci se consacre tout entier à ses études, dans un palais où règnent le calme et le goût pour les Lettres, sous le regard bienveillant de son père adoptif.

Antonin avait invité Apollonios[15], qu'il avait fait venir de Calchis, à se rendre à la maison de Tibère[16], où il habitait, afin de lui confier Marc Aurèle ; comme Apollonios avait déclaré : « Ce n'est pas le maître qui doit venir vers l'élève, mais l'élève vers le maître », Antonin se moqua de lui en répondant : « Il a été plus facile à Apollonios de venir de Calchis à Rome que de chez lui au Palais ». Il blâma aussi la cupidité de cet homme pour ce qui était de son salaire. Parmi les preuves de sa sensibilité se trouve notamment celle-ci : Marc Aurèle pleurait la mort de son précepteur cependant que le personnel de la cour l'exhortait à ne pas manifester ainsi sa sensibilité ; alors Antonin déclara : « Permettez-lui d'être

---

15. Philosophe réputé de l'époque, dont tous les écrits sont aujourd'hui perdus.

16. Marc Aurèle y vécut jusqu'à son mariage, la maison possédait notamment une grande bibliothèque ouverte aux lettrés.

un homme, car ni la philosophie ni le pouvoir ne suppriment les sentiments. »

Histoire auguste (Julius Capitolinus),
Vie d'Antonin le Pieux, X, 4,5.

{Je tiens} De mon père[17] : la mansuétude, mais aussi la fermeté inébranlable dans les décisions mûrement étudiées ; l'indifférence à la vaine gloire tirée de ce qui passe pour des honneurs ; l'amour du travail et la persévérance ; l'attention à écouter ceux qui étaient capables d'apporter quelque avis utile au bien public ; la part toujours faite, inflexiblement, à chacun selon son mérite. [...]

On pourrait lui appliquer justement ce qu'on rapporte de Socrate, qu'il savait autant se priver que jouir de ces biens dont la privation rend faibles la plupart des gens, tandis que la jouissance les fait s'y abandonner. Sa force enfin et son endurance, et la tempérance dans l'un et l'autre cas, sont d'un homme possédant une âme bien équilibrée et invincible, comme il le montra durant la maladie dont il mourut.

Marc Aurèle, *Pensées*, I, 16.

*Ce portrait, tiré de l'*Histoire auguste, *complète l'éloge que son fils adoptif écrira plusieurs années plus tard :*

17. Antonin le Pieux.

C'était un homme d'une beauté remarquable, à la brillante conduite ; il avait indulgence et noblesse ; sa physionomie était calme, son esprit sans pareil, son éloquence étincelante, son don de l'écriture exceptionnel ; sobre, s'occupant avec soin de ses terres, il était doux, généreux, se tenait à l'écart du bien d'autrui, et tout cela avec mesure et sans ostentation.

> *Histoire auguste (Julius Capitolinus),*
> *Vie d'Antonin le Pieux,* II, 1.

Le matin, quand il te coûte de te réveiller, que cette pensée te soit présente : c'est pour faire œuvre d'homme que je m'éveille. Vais-je donc être encore de méchante humeur, parce que je pars accomplir ce à cause de quoi je suis fait, en vue de quoi j'ai été mis dans le monde ? Suis-je constitué à cet effet, de rester couché et me tenir au chaud sous mes couvertures ?

> Marc Aurèle, *Pensées,* V, 1.

Marc Aurèle fut formé à la philosophie par Apollonius de Chalcédoine, à la connaissance de la littérature grecque par Sextus de Chéronée[18], petit-fils de Plutarque ; quant à la littérature latine, ce fut Fronton, l'orateur bien connu, qui la lui enseigna.

> Eutrope, *Abrégé d'histoire romaine,* VIII, 12, 1.

---

18. Les textes de ces auteurs sont malheureusement aujourd'hui perdus.

Avec son maître bien aimé, le réputé Fronton, il nour-rira toute sa vie une correspondance abondante, intime, et précieuse pour mieux cerner ses préoccupations et son caractère. Malheureusement, les lettres de Marc Aurèle sont aujourd'hui perdues, et ne nous restent plus que les réponses de son ami et professeur.

En tous les arts, selon moi, il vaut mieux être entièrement ignorant et inculte qu'instruit et savant à moitié. Car celui qui a conscience de ne pas avoir de part à l'art, entreprend moins et, dès lors, se fourvoie moins : le doute exclut assurément l'audace. Mais lorsqu'une personne, un tant soit peu, exhibe comme certain ce qu'elle sait, sa confiance usurpée la fait trébucher en maints endroits. On dit aussi qu'il vaut mieux ne jamais avoir effleuré les enseignements de la philosophie que de les avoir embrassés légèrement et, comme on dit, du bout des lèvres, et ceux qui, aperçus sur le seuil de l'art, s'en détournent avant que d'y entrer, se montrent les plus fourbes. Il est cependant des lieux dans d'autres arts où l'on peut parfois se cacher et, pendant un bref moment, être tenu pour instruit de ce que l'on ignore.

Fronton, *À Marc Aurèle,* IV, 3.

Il se fit remarquer, dès son enfance, par la gravité de son caractère. À peine sorti des mains des femmes, il fut confié à d'habiles précepteurs, et il étudia la philosophie. Ses professeurs, pour les premiers éléments, furent le littérateur Euphorion, le comédien Géminas et le musicien Andron, qui lui enseigna aussi la géométrie : il leur témoigna toujours, comme à ses maîtres, beaucoup de déférence. Il apprit le grec avec le grammairien Alexandre, et il s'exerça tous les jours dans la langue latine. Les orateurs grecs avec lesquels il étudia furent nombreux. Fronton fut son professeur d'éloquence latine. Il affectionnera particulièrement ce dernier, pour lequel il demanda même au Sénat une statue.

Histoire auguste (Julius Capitolinus), Vie de Marc Aurèle, II.

Le futur empereur maîtrise très vite les deux langues, latine et surtout grecque, réputée comme étant celle de l'érudition, dans laquelle il rédigera ses Pensées *quelques années plus tard.*

Pour sûr tu alternes et entremêles toutes ces références latines avec des vers grecs avec tant d'adresse que ce développement semble celui des costumes bigarrés dans la danse pyrrhique[19], lorsque les uns, drapés d'écarlate, les autres de rouge-feu, et de vermillon et de pourpre, les uns et les autres, harmonieux, se rejoignent.

Fronton, *À Marc Aurèle*, I, 5, 4.

À l'âge de douze ans il prit le costume de philosophe, et en eut désormais toute l'austérité : il étudiait

---

19. Danse en armure liée à une victoire guerrière tenant lieu de rituel d'initiation aux jeunes gens « arrivant à leur majorité ».

enveloppé du manteau grec, il couchait à la dure, et il ne consentit qu'avec peine, sur les instances de sa mère, que l'on mît sur son lit quelques fourrures.

Son ardeur pour l'étude de la philosophie fut telle, que, même après avoir été appelé à la dignité impériale, il continua de se rendre chez Apollonius, pour assister à ses leçons. Il fut aussi l'élève de nombreux stoïciens[20]. Pour le péripatétisme[21], il prit des leçons de Claude Sévère, et surtout de Junius Rusticus, dont il vénéra la personne et suivit la doctrine. Ce Rusticus était un homme aussi éminent à la guerre que pendant la paix, et qui avait approfondi la philosophie stoïcienne. Marc Aurèle ne faisait rien sans le consulter, l'embrassait toujours avant les préfets du prétoire, le désigna deux fois consul, et, après sa mort, demanda pour lui des statues au Sénat. Ce prince portait un tel respect à ses maîtres, qu'il avait leurs portraits en or dans son oratoire, et qu'il allait lui-même sacrifier sur leurs tombeaux, toujours ornés de fleurs.

Il apprit également le droit. Il se livra avec tant de zèle et d'ardeur à l'étude, que sa constitution en souffrit, et ce fut la seule chose dont on le reprit dans sa jeunesse.

Il fréquenta les écoles publiques des déclamateurs. Parmi ses compagnons d'étude, ceux d'entre eux que

20. École philosophique, voir le chapitre : « Dans la citadelle du sage».
21. Doctrine tirée de l'enseignement d'Aristote, lequel avait pour habitude de donner ses leçons en marchant.

leur naissance ne lui permit pas de mettre à la tête des affaires, il eut soin de les enrichir.

Histoire auguste (Julius Capitolinus), Vie de Marc Aurèle, II, 3.

Dans l'art de l'écriture comme de la lecture, tu ne peux passer maître avant d'avoir été élève. C'est beaucoup plus vrai dans la vie.

Marc Aurèle, *Pensées*, IX, 29.

GOUVERNER ENSEMBLE

Une excellente manière de te défendre d'eux,
c'est d'éviter de leur ressembler.

Marc Aurèle, *Pensées*, VI, 6.

*Son adoption par Antonin le Pieux le fait entrer dans la
famille Aurélia, laquelle lui donne son surnom de Marcus
Aurélius, ou Marc Aurèle, consacré par l'Histoire.*

Marc Aurèle, le jour même de son adoption,
rêva qu'il avait des épaules d'ivoire, et qu'ayant
essayé de porter un fardeau, il les trouva plus
fortes que les siennes. Il fut plus chagrin que
joyeux d'apprendre qu'on l'avait adopté, et ce
fut à regret qu'il quitta les jardins de sa mère
pour le palais de l'empereur. Les personnes de sa
suite lui ayant demandé pourquoi cette glorieuse
adoption le rendait triste, il leur rappela les maux
attachés au souverain pouvoir. C'est alors seulement qu'au lieu d'Annius il fut appelé Aurélius,
parce que le droit d'adoption l'avait fait passer
dans la famille Aurélia, c'est-à-dire dans celle des
Antonins. Il fut donc adopté à l'âge de dix-huit
ans, sous le second consulat d'Antonin le Pieux,
son père ; et Hadrien lui ayant fait accorder une
dispense d'âge, on le désigna questeur. Malgré
cette alliance avec une famille souveraine, il eut

pour tous ses parents le même respect qu'il leur témoignait auparavant.

Histoire auguste (Julius Capitolinus), Vie de Marc Aurèle, V.

Il était si soucieux de l'estime publique, qu'étant encore enfant, il défendit à ses intendants de rien faire avec arrogance, et qu'il rendit aux parents de quelques testateurs[1] les héritages que ceux-ci lui avaient laissés. Enfin, pendant les vingt-trois années qu'il vécut dans la maison de son père adoptif, il s'y fit aimer tous les jours davantage : durant tout ce temps-là il ne s'absenta que deux fois, et chaque fois une nuit seulement.

Histoire auguste (Julius Capitolinus), Vie de Marc Aurèle, VII.

Le 7 mars 161, Antonin le Pieux meurt après 23 ans d'un règne généreux mais peu dynamique.

Il mourut dans sa soixante-dixième année, mais fut regretté comme un jeune homme. Et voici quelle fut sa mort, à ce que l'on raconte : comme il avait mangé trop goulûment du fromage des Alpes au dîner, il vomit pendant la nuit, et le lendemain, eut une poussée de fièvre. Deux jours plus tard, comme il se voyait accablé, il confia l'État et sa fille à Marc Aurèle en présence des préfets et, s'étant retourné comme pour dormir, il rendit l'âme à Lorium.

Histoire auguste (Julius Capitolinus),
Vie d'Antonin le Pieux, XII, 4-6.

---

1. Un testateur est une personne qui fait un legs par testament.

La tranquillité de l'empire semble assurée, et rien ne semble présager des perturbations qui vont venir troubler sa quiétude lorsque Marc Aurèle accède enfin au trône, à 40 ans, à la mort d'Antonin. Il prend immédiatement comme collègue son frère adoptif Lucius Vérus. Celui-ci a 30 ans[2], et un caractère bien différent...

Marc Aurèle ne fut pas plutôt en possession de l'autorité, par la mort d'Antonin, son père adoptif, qu'il associa à l'empire Lucius Vérus, fils d'Aelius Vérus. Marc Aurèle était faible de tempérament et donnait à l'étude presque tout son temps. Lucius, au contraire, était plein de vigueur et de jeunesse et avait plus d'inclination pour la guerre.

Dion Cassius, *Histoire romaine*, 71, I.

Ma cité et ma patrie, en tant qu'Antonin, c'est Rome ; en tant qu'homme c'est le monde. Donc les intérêts de ces cités sont pour moi les seuls biens.

Marc Aurèle, *Pensées*, VI, 44.

C'est alors que pour la première fois, l'État romain obéit à deux hommes administrant l'Empire à parité, quand jusqu'alors il n'y avait eu qu'un Auguste à la fois.

2. Né le 15 décembre 130.

Lucius Vérus était un homme d'un caractère peu avenant, mais qui, par crainte de son frère, n'osa cependant jamais commettre un acte de cruauté.

Eutrope, Abrégé d'histoire romaine, VIII, 9,2.

Céjonius Aelius Commode Vérus Antonin, qui fut appelé Elius par l'ordre d'Hadrien, et qui joignit à ce nom ceux de Vérus et d'Antonin, à cause de son alliance avec Antonin, ne fut ni un bon ni un mauvais prince, puisqu'il n'eut ni de grands vices ni d'éclatantes vertus. Il ne régna pas seul, mais sous Marc Aurèle, qui le fit participer avec lui à la majesté impériale. Ses mœurs dissolues et sa vie licencieuse contrastèrent avec l'austérité de ce prince. Il avait d'ailleurs beaucoup de franchise, et ne savait rien dissimuler de sa conduite.

Il aimait beaucoup trop le luxe et les plaisirs, et il avait une adresse remarquable à tous les jeux. Il passa, à l'âge de sept ans, dans la famille de Marc Aurèle, qui le forma par son exemple et par ses conseils. Il avait du goût pour la chasse, pour la lutte, et pour tous les exercices de la jeunesse. Il vécut vingt-trois années en simple particulier, dans le palais impérial.

Ce prince était bien fait et beau de visage. Sa barbe, qu'il laissait tomber à la façon des barbares, avait quelque chose d'imposant ; et ses sourcils, qui se joignaient sur son front, lui donnaient un air vénérable. Il avait, dit-on, un tel soin de ses cheveux blonds, qu'il les couvrait de poudre d'or, pour les rendre plus brillants. Il s'exprimait avec difficulté ; il aimait le jeu avec passion. Il se livra toute sa vie à la débauche, et ressembla en plusieurs choses à Néron[3] ; il faut toutefois en excepter la cruauté et le goût de la moquerie. Entre autres objets de luxe, il avait une coupe de cristal d'une grandeur immense, qu'il appelait l'Oiseau, du nom de son cheval favori.

Il était fort assidu aux jeux du cirque et aux combats de gladiateurs. Son goût effréné pour le luxe et les plaisirs fut cause, autant qu'on peut le conjecturer, que Marc Aurèle lui resta plus attaché par devoir que par inclination ; et il parait ne lui avoir conservé son titre que parce que Hadrien l'avait fait adopter à Antonin le Pieux, pour l'appeler son petit-fils. Antonin le Pieux, qui aimait surtout la candeur et la simplicité, ne cessait d'exhorter Vérus à imiter son frère.

Après la mort d'Antonin le Pieux, Marc Aurèle combla Vérus de distinctions, l'admit au partage du pouvoir suprême, et le fit son collègue, quoique le Sénat n'eût déféré l'empire qu'à lui seul.

Histoire auguste (Julius Capitolinus),
Vie de Lucius Vérus, I, 3, II, 3, X, 2, III, 2.

Lucius Vérus, peu reconnaissant de l'honneur que lui fait son frère adoptif, enchaîne alors conduites licencieuses et scandales publics.

---

3. Empereur de la lignée des Césars qui fit incendier Rome et persécuter les juifs.

Mais dès qu'il partit en Syrie, il se déshonora par la licence de sa vie, par des adultères et des amours honteuses. Ses mœurs étaient, dit-on, si dissolues, qu'à son retour il établit dans sa maison une taverne, où il se rendait après avoir quitté la table de Marc Aurèle, et il s'y faisait servir par tout ce qu'il y avait de plus infâme à Rome. On rapporte aussi qu'il passait des nuits entières au jeu, passion qu'il avait contractée en Syrie. Émule des Caligula, des Néron, des Vitellius[4], il courait, pendant la nuit, les cabarets et les lieux de débauche, la tête enveloppée d'un mauvais capuchon de voyageur ; il se mêlait, ainsi déguisé, parmi les tapageurs, déclenchait des bagarres, et revenait souvent le visage et le corps tout meurtris. Il était bien connu dans les tavernes, malgré ses déguisements. Il s'y amusait aussi à jeter de grosses pièces de monnaie contre les vases, pour les briser. Il aimait les courses de char, et supportait assidûment son équipe favorite. Il donnait souvent des combats de gladiateurs pendant ses festins, qu'il prolongeait toute la nuit ; il s'endormait parfois à table, et on le portait alors sur des couvertures dans sa chambre à coucher. Il donnait fort peu de temps au sommeil, et il digérait très vite. Marc Aurèle feignit d'ignorer cette conduite, et ne lui fit point de reproches, ayant honte d'en adresser à son frère.

Histoire auguste (Julius Capitolinus), Vie de Lucius Vérus, IV, 2.

---

4. Trois empereurs romains aux mœurs particulièrement dissolues.

Vaine recherche du faste, drames sur la scène, troupes de gros et de petit bétail, coups de lances au travers du corps, os qu'on jette aux chiens, boulette lancée aux poissons des viviers, efforts misérables de fourmis lourdement chargées, courses en tout sens de souris éperdues, pantins tiraillés par des ficelles ! Il faut donc assister à ce spectacle avec indulgence et ne pas prendre une attitude de morgue : observer toutefois que chacun vaut ce que valent les buts qu'il s'efforce d'atteindre.

Marc Aurèle, *Pensées*, VII, 3.

En 162, de guerre lasse, Marc Aurèle tente d'éloigner son frère adoptif…

On dit que Marc Aurèle avait envoyé Vérus faire la guerre contre les Parthes, dans la vue d'épargner à Rome le spectacle de ses désordres, ou dans l'espérance que les épreuves de la guerre changeraient ses mœurs, et le feraient souvenir qu'il était empereur.

Histoire auguste (Julius Capitolinus), Vie de Lucius Vérus, V.

Mais l'incorrigible revient à Rome dilapider le trésor public en organisant en l'honneur de son retour des soirées de débauches plus indécentes les unes que les autres.

Plusieurs historiens ont parlé d'un repas qu'il donna, et où se trouvèrent, dit-on, réunis pour la première fois douze personnes, malgré ce mot si connu à propos du nombre des convives : « Sept font un festin, et neuf une cohue. » À chacun d'eux il donna de beaux esclaves qui servaient d'échansons[5] ; il donna des maîtres d'hôtel et des plats de sa table ; il donna des animaux vivants, des oiseaux et des quadrupèdes apprivoisés ou sauvages, et de la même espèce que ceux dont on avait servi les viandes ; il donna toutes les coupes où chacun avait bu, et l'on ne buvait jamais deux fois dans la même (coupes de cristal d'Alexandrie ; coupes d'or ou d'argent, garnies de pierres précieuses) ; il donna des couronnes ornées de lames d'or et des fleurs les plus rares ; il donna des vases d'or pleins d'essences, et pareils à ceux qu'on fait en albâtre ; enfin chacun reçut encore, pour s'en retourner, une voiture avec des muletiers et des mules chargées de harnais d'argent. Toutes les dépenses de ce festin furent évaluées, dit-on, à six millions de sesterces. Marc Aurèle, quand il en fut informé, gémit profondément sur le sort de la république. Le repas fini, on joua aux dés jusqu'au jour.

Histoire auguste (Julius Capitolinus), Vie de Lucius Vérus, V.

Je ne puis me fâcher contre mon parent ni le haïr, car nous sommes faits pour coopérer, comme les pieds, les mains, les paupières, les deux rangées de dents, celle d'en haut et d'en bas. Agir en adversaires les uns des autres est contre nature. Or c'est traiter quelqu'un en

---

5. Personne qui a pour fonction de servir à boire.

adversaire que de s'emporter contre lui ou de s'en détourner.

Marc Aurèle, *Pensées*, II, 1.

Il invite avec arrogance Marc Aurèle à participer à ses excès... sans succès pour cet homme sage.

Vérus porta le respect pour Marc Aurèle jusqu'à vouloir partager avec lui, le jour où ils triomphèrent ensemble, les noms qu'on lui avait donnés. Depuis son expédition contre les Parthes, il lui témoigna moins d'égards ; en effet, il favorisa impudemment des affranchis, et il fit beaucoup de choses sans l'agrément de son frère. On le vit en outre amener des histrions[6] de la Syrie, avec, autant d'ostentation que s'il eût traîné des rois à sa suite pour rehausser son triomphe. Il fit construire sur la Voie Clodienne[7] une magnifique maison de campagne, et il y passa plusieurs jours dans les excès les plus monstrueux, avec ses affranchis et des amis semblables à lui, compagnie devant laquelle disparaissait toute pudeur. Il y invita Marc Aurèle, qui s'y rendit pour lui donner l'exemple de l'incorruptible pureté de ses mœurs. Ce prince resta cinq jours dans cette maison, entièrement occupé au soin des affaires, tandis que Vérus ne songeait qu'à faire bonne chère, et y épuisait tous ses moyens. Ce

6. Comédiens ou mimes de farces grossières.
7. Ou *via Clodia*, une des trois voies principales du nord-ouest de Rome, qui court entre la *via Aurelia*, côtière et la *via Cassia*, située quant à elle plus à l'intérieur des terres.

dernier avait, entre autres comédiens, un certain Agrippus, qui portait le surnom de Memphis, et qu'il avait amené de Syrie, comme un trophée des Parthes. Il le nomma Apolaustus, ou ministre de ses plaisirs. Il avait encore avec lui des joueurs de harpe et de flûte, des histrions, des bouffons, des mimes, des joueurs de gobelets, enfin tous ces bateleurs qui font les délices des Syriens et des Alexandrins ; en sorte que c'était moins des Parthes que des histrions qu'il semblait avoir triomphé.

Histoire auguste (Julius Capitolinus),
Vie de Lucius Vérus, VIII, 2.

En dépit de cette relation ambivalente et de leurs carac-tères diamétralement opposés, les deux hommes réforment une partie de la politique en place. Nombre de dispositions juridiques sont alors instaurées, bien que les historiens semblent en accorder le crédit à Marc Aurèle seul, le plus souvent resté à Rome pour y mener ses affaires pendant que Lucius Vérus livrait bataille sur différents fronts.

Cependant il assura par toutes les précautions possibles l'état des citoyens, et il ordonna, le pre-mier, de faire inscrire chez les préfets du trésor de Saturne[8], dans l'intervalle de trente jours, les noms de tous les enfants nés libres.

Il établit dans les provinces de l'empire des greffiers publics, chargés, comme les préfets du trésor à Rome,

---

8. Questeurs ordinaires, chargés de gérer le trésor public, déposé au temple de Saturne, sur le forum.

d'inscrire toutes ces naissances, afin que celui qui serait né dans une province, et qui aurait à faire valoir ses droits d'homme libre, pût en fournir ainsi la preuve. Il comprit aussi dans cette loi tout ce qui était relatif aux affranchissements d'esclaves, et il en fit d'autres concernant les banquiers et les encans[9].

Histoire auguste (Julius Capitolinus),
Vie de Marc Aurèle, IX, 2.

De plus, il fait tout pour défendre l'autorité du Sénat.

Il établit le Sénat juge d'un grand nombre d'affaires, et surtout de celles qui étaient de son ressort. Il restreignit à l'espace de cinq ans la durée des recherches relatives à la condition des personnes mortes. Aucun prince ne montra plus de déférence que lui pour le Sénat. Afin d'entourer ce corps d'une plus grande considération, et d'assurer à plusieurs de ses membres l'autorité que donne l'exercice d'un droit, il confia par délégation, à ceux qui avaient été préteurs et consuls, la décision de quelques affaires. Il fit entrer dans cette compagnie un certain nombre de ses amis, avec la qualité d'édiles[10] ou de préteurs. À quelques sénateurs qui étaient pauvres, sans que ce fût de leur faute, il accorda les dignités d'édiles ou de tribuns, et il n'admit dans l'ordre sénatorial aucun citoyen, sans bien le connaître. Il eut pour les sénateurs cette attention, que quand il s'agissait d'une affaire qui intéressait

9. Ventes aux enchères.
10. Magistrats chargés de l'entretien des infrastructures urbaines.

la vie de l'un d'eux, il la traitait avec beaucoup de secret, et la présentait, ainsi instruite, à l'assemblée, ne permettant pas même aux chevaliers romains d'y être présents. Quand il se trouvait à Rome, il assistait toujours autant que possible au Sénat, n'eût-il rien eu à y communiquer ; et s'il avait à traiter de quelque affaire, il y venait même de la Campanie. Souvent aussi on le vit assister aux comices[11] jusqu'à la nuit, et il ne sortit jamais du Sénat sans que le consul n'eût dit : « Nous n'avons plus rien, pères conscrits, à vous exposer. » Il attribua au Sénat la connaissance des affaires pour lesquelles on en appelait du consul.

Il veilla surtout à la prompte administration de la justice ; il ajouta aux fastes[12] des jours où les tribunaux devaient être ouverts, et il fixa ainsi deux cent trente jours par année pour traiter les affaires et juger les procès. Il créa, le premier, un préteur des tutelles, chargé de surveiller les tuteurs, qui jusque là rendaient compte de leur conduite aux consuls. Quant aux curateurs[13], qui, en vertu de la loi Lectoria[14], n'étaient nommés auparavant que pour les cas de débauche ou de démence, il statua qu'on en donnerait à tous les adultes, sans avoir besoin d'en rendre raison.

Histoire auguste (Julius Capitolinus), Vie de Marc Aurèle, X.

11. Terme générique désignant une assemblée dotée de pouvoirs politiques.

12. Nom donné au calendrier romain.

13. Personne chargée d'assister les incapables, et de gérer leurs biens.

14. Loi qui défendait de prêter à taux d'usure.

Il démêla admirablement l'ambiguïté des lois : et, supprimant, pour le défendeur, l'usage des engagements à comparaître, on introduisit judicieusement le droit de citer en justice le défendeur et d'attendre le procès au jour fixé.

Le droit de cité fut donné à tout le monde indistinctement, un grand nombre de villes furent fondées, développées, restaurées et embellies, et particulièrement chez les Puniques, Carthage, que le feu avait horriblement ravagée[15], en Asie, Ephèse, et en Bithynie, Nicomédie, toutes deux détruites par un tremblement de terre.

Aurélius Victor, *Livre des Césars,* XVI, 11-12.

Enfin, philhellène et attaché à l'éducation, il développe en Grèce des écoles de philosophie de toutes obédiences, leur attribuant même un subside conséquent pour l'instruction des jeunes gens. Lucien, satiriste contemporain de l'empereur, moque d'ailleurs cette décision dans sa pièce L'Eunuque, *dans laquelle les philosophes sont prêts à tout pour remporter le droit d'enseigner et les drachmes qui vont avec...*

LYCINUS. Tu n'ignores pas que l'empereur accorde une somme assez ronde aux professeurs de philosophie de chacune des sectes[16], Stoïciens, Platoniciens, Épicuriens, Péripatéticiens, allocation égale pour tous. L'un d'eux étant venu à mourir, il s'agissait de lui choisir

---

15. On date cet incendie entre 145 et 162.
16. On appelait ainsi les différentes écoles de philosophie, sans la connotation actuelle que revêt ce terme.

un successeur nommé par les suffrages des notables. Or, le prix du combat n'était pas, comme chez le poète, une peau de bœuf, ou une victime, mais de mille drachmes par an, à condition d'instruire la jeunesse.

PAMPHILE. Je sais cela, et l'on m'a dit aussi qu'il était mort dernièrement un d'entre eux, le second professeur, je crois, de philosophie péripatéticienne.

LYCINUS. Telle a été, cher Pamphile, l'Hélène pour laquelle nos deux champions ont combattu. Jusque là, il n'y avait de ridicule que de voir de soi-disant philosophes, qui se vantent de mépriser l'argent, combattre pour un salaire avec autant d'ardeur que s'il s'agissait de la patrie en danger, de la religion nationale, ou des tombeaux de leurs ancêtres.

Lucien, L'Eunuque, 3.

Si l'intelligence nous est commune, la raison, qui fait de nous des êtres raisonnables, nous est commune. Ceci admis, nous est de même commune cette raison dont c'est le rôle de prescrire ce qu'il faut faire ou non. Ceci admis, la loi aussi nous est commune. Ceci admis, nous sommes concitoyens. Ceci admis, le monde est comme une cité.

Marc Aurèle, Pensées, IV, 4.

UN RÈGNE MOUVEMENTÉ
ET ÉPROUVANT

Nulle part en effet les armes ne furent en repos ; dans tout l'Orient, l'Illyrie, l'Italie et la Gaule, les guerres faisaient rage ; des tremblements de terre entraînant la mort des cités, des débordements de fleuves, des pestes fréquentes, des nuées de sauterelles dévastant les campagnes : bref, presque tout ce qu'on peut dire ou imaginer de catastrophes broyant d'habitude les mortels sous les plus fortes angoisses se déchaîna sous son règne. Il revient, je crois, à la puissance divine, lorsque la loi de l'univers, la nature ou quelque autre force inconnue des hommes en arrive là, de veiller à ce que, tels les remèdes de la médecine, les décisions des gouvernants viennent les adoucir.

Pseudo-Aurélius Victor, *Abrégé des Césars*, XVI, 3-4.

L'Empire romain entretient depuis toujours des relations conflictuelles avec ses puissances voisines, et l'équilibre, lorsqu'il parvient enfin à s'instaurer, reste précaire. Si les insoumissions sont monnaies courantes sous ses prédécesseurs, c'est bientôt sur tous les fronts que Marc Aurèle devra veiller à maintenir son autorité.

À la fin, sous le principat de Trajan, le diadème fut enlevé au roi d'Arménie majeure et, grâce à Trajan, l'Arménie, la Mésopotamie, l'Assyrie et l'Arabie devinrent des provinces, et la frontière orientale fut même établie au delà de la rive du Tigre. Cependant, Hadrien, le successeur de Trajan, jaloux de la gloire de celui-ci, rendit volontairement l'Arménie, la Mésopotamie, l'Assyrie, et voulut que l'Euphrate constitue la ligne de partage entre Perses et Romains. Mais ensuite, sous les deux Antonins, Marc Aurèle et Lucius Vérus, et aussi sous Sévère Pertinax et les autres princes romains qui se battirent contre les Perses avec des résultats variables, la Mésopotamie fut quatre fois perdue, quatre fois reprise.

Festus, *Abrégé des hauts faits du peuple romain*, 14, 3.

S'il faut exposer ses hommes au danger, en voir périr un nombre certain et en tuer autant, sinon plus, pour s'assurer la victoire, alors le sage ne renonce pas devant son devoir. Le stoïcien ne se confond pas avec le pacifiste, comme en témoigne cette missive adressée à l'empereur par son ami philosophe. Certain de la supériorité incontestable de l'Empire romain comme modèle de « cité universelle »[1] dans laquelle chacun doit se rejoindre, Marc Aurèle part au-devant des conflits investi et rassuré, prêt à endosser et endurer, plus que quiconque, ses fonctions de chef de guerre.

1. Voir le chapitre : « Dans la citadelle du sage ».

Qui est à ce point ignorant des annales guerrières, qui ne sait pas que le peuple romain construisit son empire non moins en tombant qu'en faisant tomber, que nos légions se tirèrent souvent adroitement des échecs et des défaites ? On a pu soumettre au joug et dompter des taureaux sauvages, si féroces et farouches fussent-ils ; de la même façon, nos armées les premières furent sottement envoyées sous le joug. Mais ceux-là mêmes qui nous avaient subjugués, peu de temps après, nous les avons placés en tête de nos triomphes et vendus comme prisonniers de guerre. Après la défaite de Cannes, le général punique envoya à Carthage trois boisseaux pleins d'anneaux d'or que les Carthaginois avaient arrachés aux cadavres de chevaliers romains. Mais bientôt Carthage fut prise : à ceux-là qui avaient arraché les anneaux, on mit des chaînes. Dans cette bataille, Scipion captura, tua ou accepta la soumission d'autant de Carthaginois et d'Africains, et s'il avait ordonné de leur couper la langue, il aurait envoyé à Rome un navire chargé de langues ennemies.

Fronton, *Sur la guerre parthique*, 8.

Le souvenir de ces inévitables troubles restera violent, voire traumatisant plusieurs décennies plus tard, comme le montre ce résumé évocateur…

Sous ce prince, d'heureuses actions furent réalisées contre les Germains. Il ne mena en personne que la guerre contre les Marcomans, dont on garde un souvenir marquant, au point de la comparer aux guerres puniques[2]. Mais elle fut plus terrible encore puisque les armées romaines tout entières y périrent. Sous son règne en effet se déclencha une si grave épidémie de peste, qu'après la victoire sur les Perses, à Rome, dans toute l'Italie et les provinces, un très grand nombre de civils et presque toutes les troupes périrent de consomption[3].

C'est donc à force d'acharnement et de maîtrise de soi qu'après avoir persévéré pendant trois années sans discontinuer, il vint à bout à Carnuntum de la guerre des Marcomans qu'avaient appuyée en se soulevant les Quades, les Vandales, les Sarmates, les Suèves et toute la Barbarie.

Eutrope, *Abrégé d'histoire romaine,* VIII, 12, 2.

Mais le bonheur et la sécurité dont on jouit sous leur règne furent tout à coup troublés par un débordement du Tibre, le plus désastreux qu'on eût encore vu : un grand nombre d'édifices furent renversés à Rome, beaucoup d'animaux périrent, et une famine affreuse mit le comble à tous ces maux.

---

2. On regroupe sous cette appellation trois conflits majeurs qui opposèrent Rome à Carthage, alors grande puissance méditerranéenne, entre 264 et 146 av. J.-C. Ce n'est qu'au terme de ces immenses conflits hautement meurtriers que Rome devint la capitale la plus puissante du monde classique, titre qu'elle conservera jusqu'à la scission de l'Empire en 395 par Théodose.

3. Diminution progressive des forces vitales et du volume du corps, comme sous l'effet d'un feu qui couve. On pense ici aux symptômes mal identifiés de la peste.

Marc Aurèle et Vérus les adoucirent par leurs soins et leur activité.

Histoire auguste (Julius Capitolinus),
Vie de Marc Aurèle, VIII, 2-3.

Nous sommes en 162. Une nouvelle parvient au palais royal, dans le même temps que la catastrophe du Tibre : Vologèse, roi des Parthes, se soulève. Lucius part immédiatement combattre à Antioche, soutenu par le commandement musclé d'Avidius Cassius. Marc Aurèle, retenu par les affaires de l'état, reste à Rome. Au Nord et à l'Est la menace barbare devient également palpable.

Dans le même temps eut lieu la guerre contre les Parthes. Vologèse, qui s'y était préparé sous Antonin le Pieux, nous la déclara sous les empereurs Marc Aurèle et Vérus, après avoir mis en fuite Atidius Cornélien, qui gouvernait alors la Syrie. La guerre était, en outre, imminente en Bretagne, et les Cattes avaient fait une irruption dans la Germanie et dans la Rhétie. Calphurnius Agricola fut envoyé contre les Bretons, et Aufidius Victorin contre les Cattes. Quant à la guerre des Parthes, Vérus en fut chargé avec le consentement du Sénat, et il fut convenu que Marc Aurèle resterait à Rome, où les affaires exigeaient sa présence. Toutefois il conduisit Vérus jusqu' à Capoue, et lui laissa, pour l'accompagner, quelques sénateurs de ses amis, auxquels il ajouta des chefs de chaque utilité.

Histoire auguste (Julius Capitolinus), Vie de Marc Aurèle, VIII, 2-3.

Vologèse IV, Grand Roi des Parthes Arsacides depuis 147, tente d'imposer sur le trône d'Arménie un certain Aurélius Pacoros. La riposte romaine est une victoire. En 165, le général Avidius Cassius brûle la capitale installée à Ctésiphon, Vologèse doit alors céder la Mésopotamie aux Romains.

Vologèse, en effet, venait de recommencer la guerre ; enveloppant de toute part une légion romaine entière placée, sous Sévérianus, en garnison à Élégia, place forte d'Arménie, il l'avait, elle et ses chefs, fait périr sous ses flèches, et, de plus, il ne cessait de courir les villes de Syrie qu'il remplissait de terreur. Lucius Vérus ayant, à son arrivée à Antioche, rassemblé un nombre considérable de soldats, et ayant sous son commandement les meilleurs généraux, s'établit en personne dans cette ville pour mettre en ordre et réunir les ressources utiles à la guerre, et confia les troupes à Avidius Cassius. Celui-ci soutint vaillamment l'attaque de Vologèse, et finit, la désertion s'étant mise parmi les alliés de ce prince, par le poursuivre dans sa retraite ; il s'avança jusqu'à Séleucie et à Ctésiphon, détruisit Séleucie en la livrant aux flammes et rasa la demeure royale de Vologèse à Ctésiphon. Mais, en revenant, il perdit beaucoup de soldats par la faim et la maladie. Néanmoins il rentra en Syrie avec le reste de ses troupes. Ce succès inspira de l'orgueil et de la vanité à Lucius Vérus.

Dion Cassius, *Histoire romaine*, 71, II.

La conduite indigne de ce dernier, déjà relevée dans l'intimité du palais royal, se poursuit en temps de guerre. Alors que les batailles font rage, sa frivolité et son inconscience se remarquent particulièrement.

Quand Vérus partit pour faire la guerre aux Parthes, Marc Aurèle l'accompagna jusqu'à Capoue. Comme il continua ses excès dans tous les lieux où il s'arrêta, il tomba malade à Canusium, et son frère se rendit auprès de lui. La guerre même n'apporta aucun changement à sa vie honteuse et efféminée. Tandis que les Syriens, après avoir tué le lieutenant de l'empereur et massacré ses légions, cherchaient à étendre la révolte et dévastaient l'Orient, il chassait dans Apulée, il naviguait près de Corinthe et d'Athènes, au milieu des symphonies et des concerts ; et il s'arrêtait, pour s'y livrer aux plaisirs, dans les villes maritimes les plus célèbres de l'Asie, de la Pamphylie et de la Cilicie.

Arrivé à Antioche, il continua cette vie déréglée ; et ses généraux Statius Priscus, Avidius Cassius et Martius Vérus, achevèrent en quatre ans la guerre des Parthes, poussèrent jusqu'à Babylone et jusqu'en Médie, reprirent l'Arménie, et valurent à Vérus, ainsi qu'à Marc Aurèle, qui était à Rome, les noms d'Arménique, de Parthique et de Médique. Pendant ces quatre ans Vérus passa l'hiver à Laodicée, l'été à Daphné, et le reste de l'année à Antioche. Il fut la risée de tous les Syriens, dont on a conservé une foule de plaisanteries faites contre lui sur leurs théâtres.

Il admit toujours des esclaves à sa table, pendant les Saturnales et les autres fêtes. Cédant aux sollicitations de ses amis, il partit une seconde fois pour l'Euphrate.

Histoire auguste (Julius Capitolinus),
Vie de Lucius Vérus, VI, 2, VII.

Malgré la tolérance de Marc Aurèle envers leurs divergences, de probables dissensions naissent entre les deux Augustes…

Sans l'affirmer ouvertement, l'on disait tout bas que ces différences dans leur conduite avaient fait naître entre eux des inimitiés. On remarqua surtout que Marc Aurèle envoya en Syrie, en qualité de lieutenant, un certain Libon, son cousin, lequel se conduisit avec plus de hardiesse qu'il ne convenait à un sénateur, disant qu'il écrirait à cet empereur dans tous les cas douteux : or, cet envoyé, dont la présence était insupportable à Vérus, tomba tout à coup malade, et mourut avec des marques de poison. Sa mort fut attribuée par certains, mais non par Marc Aurèle, à la perfidie de Vérus, et cette circonstance agrémenta la thèse de la désunion des deux frères.

Histoire auguste (Julius Capitolinus),
Vie de Lucius Vérus, IX, 1,3.

Malgré tout, Marc Aurèle lui donne sa fille Lucilla en mariage en 164, deux ans après le début de la guerre.

Il revint aussi à Ephèse, pour épouser Lucilla, que lui envoyait Marc Aurèle son père, mais surtout pour empêcher que celui-ci ne vînt avec elle jusqu'en Syrie, et n'y apprît sa mauvaise conduite ; car Marc Aurèle avait dit au Sénat qu'il conduirait sa fille jusque là-bas. La guerre terminée, Vérus donna le gouvernement des royaumes à des rois, et celui des provinces à des personnes de sa suite. Il revint à Rome pour célébrer son triomphe, mais à regret, comme si, en quittant la Syrie, il abandonnait son propre royaume. Il triompha avec Marc Aurèle, et reçut du Sénat les noms que lui avait donnés l'armée.

Histoire auguste (Julius Capitolinus), Vie de Lucius Vérus, VII.

Lucius Vérus est alors suspecté, sur son retour, d'avoir rapporté la peste à Rome...

La destinée voulut qu'à son retour il portât la peste dans les provinces où il passa, jusqu'à Rome. On croit que ce fléau avait pris naissance dans la Babylonie, un soldat ayant ouvert dans le temple d'Apollon un coffret d'or, d'où s'échappa un air pestilentiel qui envahit le pays des Parthes et l'empire romain.

Histoire auguste (Julius Capitolinus), Vie de Lucius Vérus, VIII.

La trêve après la victoire contre les Parthes en 166 est de courte durée. En 167 déjà de nouveaux conflits éclatent, à présent contre un peuple germain, les Marcomans, et la peste se propage dans tout le continent... Les deux empereurs,

impuissants, font appel aux services d'un jeune médecin à
l'avenir prometteur, Galien.

M'étant installé dans ma patrie après mon retour
de Rome, je me livrais à mes occupations habituelles.
Mais arriva bientôt d'Aquilée la lettre des empereurs
qui me rappelaient. Ils avaient en effet résolu, après
avoir eux-mêmes pris leurs quartiers d'hiver, de marcher contre les Germains[4]. Je fus donc contraint de
me mettre en route, espérant cependant obtenir une
exemption. J'avais en effet entendu dire que l'un des
empereurs, le plus âgé, était bienveillant, mesuré,
doux et affable. J'atteignis donc Aquilée quand la
peste s'abattit comme jamais encore auparavant, si
bien que les empereurs prirent aussitôt la fuite pour
Rome avec une poignée de soldats, tandis que nous,
le grand nombre, nous eûmes de la peine, pendant
longtemps, à nous en tirer sains et saufs : les gens
mouraient, pour la plupart, non seulement à cause
de la peste, mais aussi parce que cela se passait au
cœur de l'hiver.

Galien, *Sur ses propres livres*, III, 1-3.

Pendant la guerre des Parthes, éclata celle des
Marcomans ; mais l'habileté des généraux qui étaient
sur les frontières parvint à la retarder jusqu'à la fin
de la guerre d'Orient. Lucius Vérus était de retour,
après une absence de cinq années, quand Marc Aurèle

---

4. Les Marcomans.

fit comprendre au peuple, malgré la famine qui régnait alors, le besoin de faire la guerre, et exposa dans le Sénat la nécessité qu'il y avait que les deux empereurs y assistent.

La terreur qu'inspirait une expédition contre les Marcomans était telle qu'il dût commencer par faire venir de tous côtés des prêtres, pour accomplir les cérémonies en usage même chez les étrangers, pour purifier, de toutes les manières, la ville de Rome ; ce qui retarda son départ pour l'armée.

Mais la peste faisait de si grands ravages qu'on fût obligé d'employer toutes sortes de voitures au transport des cadavres. Les deux empereurs firent alors des lois très sévères touchant les inhumations et les tombeaux. Ils défendirent d'en élever où on le voudrait. Ce fléau enleva plusieurs milliers de personnes, et parmi elles beaucoup de citoyens du premier rang. Marc Aurèle fit ériger des statues aux plus distingués, et il ordonna, par un décret plein de bonté, de faire aux frais de l'État les funérailles des moindres citoyens.

Histoire auguste (Julius Capitolinus),
Vie de Marc Aurèle, XIII, 1-2.

Le limes, *frontière de l'Empire romain, se trouvant fortement menacé, Marc Aurèle n'hésite pas cette fois-ci à partir en campagne lui-même avec Lucius Vérus. Celui-ci, peu réjoui de devoir repartir, finit par obtenir son renvoi à Rome un an plus tard, en 169.*

Les deux princes partirent donc en costume militaire, pour s'opposer aux ravages des Marcomans, auxquels s'étaient joints d'autres peuples, qui fuyaient chassés par des barbares plus éloignés, et qui nous menaçaient aussi de la guerre, si nous refusions de les recevoir dans nos provinces.

Le départ des empereurs eut d'heureux résultats ; car à peine furent-ils arrivés à Aquilée, que la plupart de ces rois se retirèrent avec leurs peuples, et firent périr les auteurs de ces troubles. Les Quades[5], qui avaient perdu leur roi, déclarèrent ne vouloir laisser la couronne à celui qui avait été élu qu'à la seule condition que cette élection serait approuvée par nos princes.

Lucius Vérus, qui n'était parti qu'à regret, voyant la plupart de ces peuples envoyer des députés pour solliciter leur pardon, était d'avis de s'en retourner, parce que le préfet du prétoire, Furius Victorin, était mort, et qu'une partie de l'armée avait péri. Marc Aurèle, persuadé, au contraire, que la retraite des barbares et leurs dispositions pacifiques n'étaient qu'un artifice pour éloigner d'eux ce formidable appareil de guerre, fut d'avis de les poursuivre. Après avoir passé les Alpes, les deux princes poursuivirent leurs actions, et firent tous les arrangements nécessaires à la sûreté de l'Italie et de l'Illyrie.

---

5. Peuple germain voisin des Marcomans.

Marc Aurèle consentit, sur les instances de son frère, qu'il retournât à Rome, précédé par des lettres au Sénat.

Histoire auguste (Julius Capitolinus),
Vie de Marc Aurèle, XIV.

Mais avant même qu'il n'arrive à destination, Lucius Vérus, alors âgé de 39 ans, meurt tragiquement. Nous sommes en 169, dans les rigueurs d'un mois de février peu clément.

Marc Aurèle ne voulant ni envoyer Vérus seul contre les Germains, ni le laisser à Rome, à cause de ses débauches, ils partirent ensemble pour cette guerre, et se rendirent à Aquilée[6]. Puis ils traversèrent les Alpes, au grand regret de Vérus, qui avait passé son temps à Aquilée en promenades et en festins, tandis que Marc Aurèle pourvoyait à tout.

La guerre une fois terminée en Pannonie[7], Vérus sollicita la faveur de retourner à Aquilée, dont il regrettait les plaisirs, et il en prit le chemin. Mais, à peu de distance d'Altinum[8], il fut subitement frappé d'apoplexie dans sa voiture. On l'en fit descendre, et, après lui avoir tiré du sang, on le conduisit à Altinum, où il mourut au bout de trois jours, sans avoir recouvré la parole.

Histoire auguste (Julius Capitolinus),
Vie de Lucius Vérus, IX, 1, 3.

6. Province italienne.
7. Actuelle Hongrie.
8. Près de l'actuelle Venise.

Marc Aurèle, à qui les vices de Vérus causèrent un profond chagrin, avait des sentiments si généreux, qu'il cachait et excusait les désordres de son comparse. Il le mit, après sa mort, au rang des dieux ; il combla ses tantes et ses sœurs de distinctions et de présents ; il honora sa mémoire par plusieurs cérémonies religieuses ; il lui prodigua enfin tous les honneurs qu'on accorde aux dieux.

Histoire auguste (Julius Capitolinus), Vie de Marc Aurèle, XV.

Les circonstances de la mort de Lucius Vérus sont suspectes, comme bien souvent à l'époque, et plusieurs hypothèses, dont certaines relativement fantaisistes, sont soulevées alors. L'intégrité même de Marc Aurèle est également, et pour la première fois, mise en question, ainsi que celle de sa femme Faustine...

Aucun prince n'est à l'abri de la calomnie : ainsi, l'on accusa tout haut Marc Aurèle d'avoir fait mourir Vérus, soit par le poison, en coupant à table, avec un couteau dont un côté était frotté de poison, une tétine de truie, et en lui présentant la partie empoisonnée, après avoir gardé celle qui ne l'était pas ; soit par l'entremise du médecin Posidippe, qui le saigna, dit-on, mal à propos.

Histoire auguste (Julius Capitolinus), Vie de Marc Aurèle, XV.

On a dit que [Lucius Vérus] avait vécu dans un commerce incestueux avec sa belle-mère Faustine, et que celle-ci le fit mourir avec des huîtres empoisonnées, pour se venger de ce qu'il avait révélé ce secret à sa fille. Marc Aurèle éveilla des soupçons, ainsi que nous l'avons vu dans sa vie ; mais le caractère d'un tel homme ne les justifie pas. D'ailleurs la plupart des témoignages attribue ce crime à Faustine, jalouse, autant que la femme de Vérus, de l'ascendant que Fabia exerçait sur ce prince. L'intimité entre Vérus et sa sœur Fabia était en effet si grande, que le bruit courut qu'ils avaient formé le projet de tuer Marc Aurèle, et que l'affranchi Agaclyte l'ayant dénoncé a cet empereur, Faustine en avait prévenu l'exécution par la mort de Vérus.

Histoire auguste (Julius Capitolinus), Vie de Lucius Vérus, X.

Dans le même temps, le jeune fils de Marc Aurèle, M. Annius Vérus, se fait inciser un abcès sous l'oreille, mais celle-ci s'infecte et il meurt à seulement sept ans. Inquiet pour son aîné, Commode, qui a tout juste huit ans, il le place sous la tutelle de son médecin Galien et de bons précepteurs, puis repart vers le Rhin pour affronter la menace germaine.

Après que Lucius Vérus, sur le chemin du retour, eut quitté le monde des hommes, Marc Aurèle fit ramener son corps à Rome et procéder à son apothéose, avant de s'occuper de l'expédition contre les Germains. Il faisait grand cas de m'emmener avec lui. Mais il se laissa persuader de me laisser aller quand il eut entendu de ma bouche que le dieu de mes pères, Asclépios, ordonnait le contraire. Je

m'étais en effet déclaré serviteur de ce dieu depuis le
jour où il me sauva d'une disposition à l'ulcère qui
aurait pu m'être fatale. S'étant incliné devant le dieu
et m'ayant recommandé d'attendre son retour – car
il espérait mener rapidement la guerre à bien –,
lui-même partit après avoir laissé sur place son fils
Commode qui était encore un tout jeune enfant. Il
enjoignit les tuteurs de son fils de s'efforcer de le
maintenir en bonne santé, et, au cas où il tomberait
malade, de m'appeler pour le soigner. Je travaillais
donc à cette époque à rassembler et fixer de façon
durable ce que j'avais appris auprès de mes maîtres
et ce que j'avais moi-même établi ; et poursuivant
encore mes recherches, ce que j'avais découvert à cette
occasion, je le consignais dans de nombreux écrits
en m'entraînant à résoudre de maints problèmes
médicaux et philosophiques. Mais la plupart de ces
ouvrages furent détruits dans le grand incendie au
cours duquel brûla le Temple de la Paix ainsi que
de nombreux autres édifices[9].

Galien, Sur ses propres livres, III, 4-7.

*Les catastrophes naturelles sont fréquentes et participent
de la fragilisation de l'Empire, autant que de son empereur.
Mais celui-ci, patiemment, affronte les bouleversements
un par un, s'attirant le respect et la reconnaissance de ses
concitoyens. Un exemple de la gestion de ces crises, avec les
tremblements de terre survenus à Cyzique, cité grecque,*

---

9. Incendie de 191.

sous Antonin le Pieux, puis à nouveau sous Marc Aurèle, catastrophes que nous relatent Dion Cassius et Fronton.

Sous le règne d'Antonin, il arriva, dit-on, en Bithynie et en Hellespont, un furieux tremblement de terre, dont plusieurs autres villes souffrirent énormément et furent complètement ruinées, et, par-dessus toutes, Cyzique, dont le temple, le plus grand et le plus beau de tous les temples, s'écroula. Ses colonnes avaient deux mètres soixante d'épaisseur, chacune faite d'un seul bloc, et ses ornements intérieurs suscitaient une admiration difficile à décrire. On dit aussi que le sommet d'une montagne, au milieu des terres, s'étant ouvert à sa partie supérieure, l'eau de la mer sortit à flots par cette ouverture et lança loin dans cette contrée l'écume d'une mer pure et limpide.

Dion Cassius, *Histoire romaine*, 70, IV.

À la dernière réunion du Sénat, alors que tu rappelais la fâcheuse situation des habitants de Cyzique, tu ornas ton discours d'une figure que les Grecs appellent paralipse, de manière à parler d'une chose tout en l'omettant, et à l'omettre tout en parlant. Il faut en même temps louer de multiples éléments de ce discours : premièrement, avoir très habilement observé que les lourdes épreuves des alliés ne devaient pas être amplifiées par un discours suivi, simple et diffus, mais être révélées avec empressement afin de paraître dignes de la compassion et de l'aide du Sénat. Ensuite tu exposas tous les faits si brièvement et avec

tant de force qu'en très peu de mots fut embrassé
tout ce que cette cause exigeait, de sorte que la terre
n'ébranla pas cette ville plus promptement et plus
vivement que ton discours n'ébranla l'âme des auditeurs. Quand on aime éperdument quelqu'un, on
embrasse même ses verrues.

Fronton, *À Antonin empereur*, I, 2, 6.

*Dans un même temps, les conflits barbares se poursuivent,
en s'intensifiant. En 170, l'empereur commence à livrer
bataille sur tous les fronts, afin de contenir au mieux des
invasions qui deviendront inévitables quelques décennies plus
tard. Des hommes se distinguent, parmi lesquels le général
Avidius Cassius, célèbre pour s'être rebellé contre l'empereur,
et Pertinax, qui sera un jour empereur lui-même…*

Marc Aurèle donna à Avidius Cassius le gouvernement de l'Asie entière. Quant à lui, il fit en personne
la guerre aux barbares qui habitent les bords de
l'Ister, Iazyges et Marcomans, tantôt aux uns, tantôt
aux autres, pendant un temps assez long, ou, pour
mieux dire, pendant toute sa vie, prenant la Pannonie
comme base de ses opérations. Un grand nombre de
Celtes qui habitent au-delà du Rhin poussèrent leurs
incursions jusqu'en Italie pour attaquer les Romains ;
Marc Aurèle, dans sa marche à leur rencontre, leur
opposa Pompéianus et Pertinax, ses lieutenants.

Pertinax, qui plus tard devint empereur, s'illus-
tra par ses exploits. Parmi les morts, on trouva, du
côté des barbares, des cadavres de femmes armées.

Bien que le combat eût été rude et la victoire éclatante, l'empereur refusa aux soldats l'argent qu'ils lui demandaient, se contentant de leur dire que tout ce qu'ils recevraient de plus que d'usage serait pris sur le sang de leurs parents et de leurs proches ; et que, pour l'empire, Dieu seul pouvait en décider.

La prudence et la fermeté avec lesquelles il leur commandait étaient telles, que, malgré le nombre et l'importance des guerres qu'il eut à soutenir, la flatterie ne lui arracha aucune parole, la crainte aucun acte en dehors des convenances. Les Marcomans ayant gagné une bataille et tué le préfet Macrinus Vindex, il lui érigea trois statues ; puis, lorsqu'il les eut vaincus, il fut surnommé Germanicus[10], parce qu'on appelle Germains les peuples qui habitent les pays hauts.

Dion Cassius, *Histoire romaine*, 71, III.

En Égypte également, l'insoumission menace… Marc Aurèle doit s'y rendre en 175.

En Égypte, ceux qu'on appelle Bouviers se soulevèrent et entraînèrent dans leur défection le reste des Égyptiens, sous la conduite d'un prêtre nommé Isidoros. Après avoir trompé le centurion romain, en se présentant à lui sous des habits de femme, comme s'ils eussent été les femmes des Bouviers qui venaient lui donner de l'or pour la rançon de leurs

---

10. Comme le père de Caligula.

maris, ils le tuèrent tandis qu'il s'avançait vers eux ;
puis, immolant un soldat qui l'accompagnait, ils
prêtèrent serment sur ses entrailles et les mangèrent.
Ensuite, vainqueurs en bataille rangée des Romains
qui étaient en Égypte, ils auraient pris Alexandrie
sans Cassius qui, envoyé de Syrie contre eux, et usant
de ruse pour rompre leur accord et les séparer les uns
des autres – il n'osa pas, à cause de leur désespoir
et de leur nombre, engager une action contre tous
réunis –, parvint à écraser la sédition.

Dion Cassius, *Histoire romaine*, 71, IV.

*Passant par la Palestine, Marc Aurèle est pris d'une
lassitude soudaine envers les Juifs rebelles, d'après les dires
brutaux d'Ammien Marcellin :*

On dit que ce prince, traversant la Palestine
pour gagner l'Égypte, et souvent saisi d'un profond
dégoût à l'égard des Juifs malodorants et agités,
s'écria douloureusement : « Ô Marcomans, ô Quades,
ô Sarmates, j'ai finalement trouvé un autre peuple
plus turbulent que vous. »

Ammien Marcellin, *Histoires*, XXII, 5, 5.

*Certaines batailles, particulièrement rigoureuses, ont pu
ébranler les soldats comme leur empereur, mais la victoire,
parfois miraculeuse, les a confortés dans leur certitude d'être
sinon protégés, du moins aidés des Dieux. Mais lesquels ?
Le trouble est grand dans ces temps spirituels incertains.
Ainsi en témoignent ces épisodes singuliers rapportés non*

sans une grande part de mythe, lors de la victoire sur les Marcomans et les Quades, premièrement, en 172. Y survint alors le « miracle de la Fulminante »...

Marc Aurèle soumit les Marcomans et les Iazyges, après avoir livré plusieurs combats importants et couru des dangers ; il soutint aussi une grande guerre contre le peuple appelé Quades, et il eut le bonheur de remporter la victoire contre son attente, ou plutôt elle lui fut donnée par un dieu. Ce fut, en effet, la protection divine qui sauva, contre toute attente, les Romains du danger où ils étaient engagés dans le combat. Entourés par les Quades qui avaient pour eux l'avantage de la position, les Romains se défendaient vaillamment avec leurs boucliers ; les barbares cessèrent de combattre, dans l'espoir que la chaleur et la soif leur livreraient l'ennemi sans peine, et s'emparèrent de tous les alentours, qu'ils fortifièrent, afin de l'empêcher de prendre de l'eau nulle part, car ils étaient bien supérieurs en nombre. Or, tandis que les Romains étaient réduits à la dernière extrémité par la fatigue, les blessures, le soleil et la soif, ne pouvant ni combattre ni faire retraite, et qu'ils se tenaient à leurs rangs et à leur poste, dévorés par la chaleur, tout à coup des nuages s'assemblèrent en grand nombre, et il tomba des flots de pluie, non sans une intervention divine ; car, dit-on, un mage égyptien, Arnuphis, qui était avec Marc Aurèle, invoqua par des enchantements plusieurs autres génies, et principalement Mercure, et, grâce à eux, amena la pluie.

Lorsque la pluie commença à tomber, tout le monde leva d'abord la tête vers le ciel, et reçut l'eau dans la bouche ; ensuite, tendant les uns leurs boucliers, les autres leurs casques, ils avalèrent l'eau la bouche ouverte et donnèrent à boire à leurs chevaux ; chargés alors par les barbares, ils buvaient et combattaient à la même place ; plusieurs, étant blessés, avalaient avec l'eau le sang qui coulait dans leurs casques. Ils eussent sans doute été notablement incommodés de cette attaque, le plus grand nombre étant occupé à boire, sans une forte grêle et des foudres nombreuses qui tombèrent sur les ennemis. On pouvait voir l'eau et le feu se répandre ensemble du haut du ciel ; les uns étaient rafraîchis et buvaient, les autres brûlaient et mouraient. Le feu n'atteignait pas les Romains, ou, s'il venait à les toucher, il s'éteignait aussitôt ; de même que la pluie, au lieu de soulager les barbares, ne faisait, comme l'huile, qu'exciter davantage la flamme qui les dévorait, et, bien que trempés par la pluie, ils cherchaient encore de l'eau. Les uns se blessaient eux-mêmes, comme si leur sang eût dû éteindre le feu ; les autres accouraient vers les Romains, comme si, de ce côté seulement, l'eau pouvait leur être salutaire. Marc Aurèle eut pitié d'eux, et il fut alors proclamé par les soldats *imperator* pour la septième fois. Bien qu'il n'eût pas coutume d'accepter ce titre avant que le Sénat le lui eût déféré, il le reçut néanmoins alors comme venant également d'un dieu, et il en rendit compte au Sénat.

Dion Cassius, *Histoire romaine*, 71, VIII, X.

Mais est-ce le mage Arnuphis ou bien la légion composée pour la plupart de Chrétiens, qui furent responsable de ce miracle ?

Car ce fut à cette compagnie qu'on dut alors le salut de l'armée et la perte de celle des barbares, et non au mage Arnuphis ; l'histoire, en effet, ne rapporte pas que Marc Aurèle se complût au commerce et aux enchantements des mages. Marc Aurèle avait une légion composée de soldats venus de la Mélitène ; tous vénéraient le Christ. Pendant ce combat, le préfet du prétoire étant venu trouver Marc Aurèle, que les circonstances présentes mettaient dans une extrême perplexité et qui craignait pour l'armée entière, lui représenta, dit-on, qu'il n'y avait rien que ceux qu'on nommait Chrétiens ne pussent obtenir par leurs prières, et qu'il se trouvait alors parmi les troupes une compagnie tout entière composée de soldats de cette religion. Marc Aurèle, réjoui de cette nouvelle, leur demanda de prier leur dieu ; celui-ci, ayant exaucé sur-le-champ leur prière, frappa les ennemis de la foudre et consola les Romains par la pluie ; vivement frappé de ce succès, l'empereur honora les Chrétiens par un édit et surnomma cette légion la *Fulminante*.

Dion Cassius, *Histoire romaine*, 71, IX.

En 174, lorsqu'il faudra mater la révolte iazyge, c'est une formidable bataille sur glace qui donne l'avantage aux Romains...

Les Romains vainquirent alors les Iazyges sur terre, et ensuite sur le fleuve. Il n'y eut pas de combat naval à proprement parler car les Romains, ayant suivi leurs ennemis qui fuyaient sur l'Ister glacé, y combattirent comme sur la terre ferme. Les Iazyges, se sentant poursuivis, soutinrent l'attaque des Romains, persuadés qu'ils viendraient aisément à bout de troupes qui n'avaient pas l'habitude de la glace, et fondirent sur eux avec leurs chevaux, les uns de front, les autres par le flanc, car leurs chevaux étaient dressés à courir sûrement sur cette glace. À cette vue, les Romains ne s'effrayèrent pas, mais, se massant et faisant face à tous à la fois, ils mirent bas, pour la plupart, leurs boucliers, et, appuyant un pied dessus, afin de moins glisser, ils reçurent le choc des barbares ; puis, saisissant les uns les brides, les autres les boucliers et les lances, ils attiraient à eux les ennemis : s'y attachant ensuite corps à corps, ils renversaient hommes et chevaux, qui, cédant à la violence de cet effort, ne pouvaient plus s'empêcher de glisser. Les Romains glissaient aussi ; mais, quand ils tombaient à la renverse, chacun entraînait avec lui son adversaire, et, par les pieds, il le retournait sur le dos comme à la lutte, et se trouvait ainsi sur lui. Les barbares, qui n'étaient point accoutumés à cette manière de combattre et qui étaient armés à la légère, furent dans l'impossibilité de résister ; de sorte que, d'un grand nombre qu'ils étaient, peu s'échappèrent.

Dion Cassius, *Histoire romaine*, 71, VII.

En 175, Pertinax qui s'est distingué par sa vaillance est nommé consul. Son élévation est alors contestée, quand bien même il règnera lui-même quelques années plus tard, après Commode...

Pertinax ayant reçu le consulat en récompense de ses exploits, il y eut des gens qui, indignés de cette élévation à cause de l'obscurité de la naissance du consul, lui appliquèrent ce vers de la tragédie « Voilà les fruits de cette guerre déplorable », ne sachant pas qu'il régnerait un jour.

Dion Cassius, *Histoire romaine*, 71, XXII.

À mesure que l'empereur se voit soumis aux désastres et aux combats, son repli en lui-même, en sa « citadelle intérieure »[11] devient essentiel. Il doute pourtant de mener à bien ses victoires militaires tout en réussissant à trouver le temps et le calme nécessaires pour lire et rédiger ses écrits. Voici la réponse que lui fait alors son maître Fronton, à ce sujet :

À propos de ce que tu écris sur ton incapacité à lire sauf de façon rapide et furtive à cause des présentes inquiétudes, souviens-toi que Jules César, pendant les atroces batailles en Gaule, écrivit, en plus de plusieurs ouvrages militaires, au cœur même de l'action, deux livres fort précis sur l'analogie ; entre les javelots volants, il traita de la déclinaison des noms,

11. D'après la formule de Pierre Hadot, dans son *Introduction aux Pensées de Marc Aurèle*.

entre les clairons et les trompettes, de l'aspiration et de l'arrangement des mots.

Pourquoi donc toi, Marc Aurèle, aussi pourvu d'intelligence que César, d'un ordre aussi remarquable, autant instruit par autant d'exemples et d'archives familiaux, ne surpasserais-tu pas les troubles et ne trouverais-tu pas le temps de non seulement lire des discours, des poèmes, des œuvres historiques et les préceptes des sages, mais aussi de résoudre des syllogismes, si tu peux les souffrir jusqu'au bout ?

Fronton, *Sur la guerre parthique*, 9.

Le problème « barbare » semble enfin se stabiliser un temps, fin 174, et les négociations commencent…

Marc Aurèle resta en Pannonie pour répondre aux ambassades des barbares. Beaucoup, en effet, vinrent alors encore le trouver ; les uns, sous la conduite de Battarios, enfant de douze ans, promettant leur alliance, reçurent de l'argent et repoussèrent Tarbos, prince voisin qui, entré en Dacie, réclamait de l'argent, avec menace de guerre si on ne lui en donnait pas ; les autres, comme les Quades, demandant la paix, l'obtinrent, à la condition de se séparer des Marcomans, et aussi parce qu'ils donnèrent beaucoup de chevaux et de bœufs, et promirent de rendre tous les transfuges et les captifs, au nombre d'environ treize mille d'abord, et le reste par la suite. Malgré cela, ils n'eurent pas la permission de fréquenter des marchés communs, de peur que les Marcomans et les Iazyges, qu'ils avaient juré de ne pas recevoir désormais et d'empêcher de traverser leur territoire, ne se mêlent à eux, et, vu qu'ils étaient Quades eux-mêmes, n'espionnent les Romains et ne s'approvisionnent sur ces marchés des choses nécessaires. Tels furent les peuples qui vinrent trouver Marc Aurèle ; plusieurs autres aussi lui envoyèrent des ambassadeurs pour lui offrir leur soumission, les uns par nations, les autres par provinces. Aussi l'empereur n'introduisit-il plus aucun barbare en Italie et envoya-t-il dans d'autres colonies ceux qui étaient venus s'y installer auparavant.

Les Astinges vinrent habiter la Dacie, dans l'espérance de recevoir de l'argent et des terres pour prix de leur alliance ; mais, n'ayant rien obtenu, ils mirent leurs femmes et leurs enfants en dépôt auprès de Clémens, dans l'intention d'aller conquérir les terres des Costuboces, ce qui ne les empêcha pas, lorsqu'ils eurent vaincu ce peuple, de ravager la Dacie.

Les Astinges ne commirent plus aucun acte d'hostilité contre les Romains et demandèrent instamment à Marc Aurèle de leur donner de l'argent et des terres, à la condition pour eux de faire du mal aux peuples alors en guerre avec lui. Les Astinges remplirent une partie de leurs promesses : quant aux Cotiniens, ils firent des offres semblables ; mais, après avoir pris pour chef Tarruténius Paternus, secrétaire pour les lettres latines de l'empereur, comme s'ils avaient eu l'intention de marcher avec lui contre les Marcomans,

loin de faire la chose, ils maltraitèrent grièvement
Paternus lui-même et le firent ensuite mourir.

Dion Cassius, *Histoire romaine,* 71, XI, XII.

*L'empereur, menant au mieux sa politique de stabili-
sation, oscille entre la clémence et l'inflexibilité, fidèle à
ses préceptes humanistes…*

Les Iazyges aussi envoyèrent des ambassadeurs à
Marc Aurèle pour lui demander la paix, mais ils n'obtinrent rien ; car ce prince, sachant qu'on ne pouvait
se fier à cette nation, et, de plus, ayant été trompé
par les Quades, voulut à tout prix en tirer vengeance.
Les Quades, en effet, ne s'étaient pas contentés de
porter secours aux Iazyges dans la présente guerre,
ils avaient auparavant accueilli les Marcomans encore
en armes, qui, toutes les fois qu'ils étaient refoulés,
se réfugiaient sur leur territoire ; ils n'étaient restés
fidèles à aucune des conventions, et ils n'avaient
pas rendu tous les captifs, mais seulement un petit
nombre, et encore ces captifs étaient-ils ceux dont
ils ne pouvaient tirer parti, soit en les vendant, soit
en utilisant leurs services. Lorsque, cependant, ils
rendaient quelques-uns de ceux qui étaient dans la
vigueur de l'âge, ils retenaient leurs parents, afin
d'obliger les autres à déserter vers eux.

Après avoir chassé leur roi Furtios, ils se donnèrent pour roi Ariogaesos. Ce furent là les motifs qui
décidèrent l'empereur à ne pas confirmer Ariogaesos,
comme n'ayant pas été légalement nommé, et à ne

pas renouveler le traité, bien qu'on offrît de lui rendre cinquante mille captifs.

Marc Aurèle était tellement irrité contre Ariogaesos, qu'il offrit publiquement mille pièces d'or à qui le lui amènerait vif, et cinq cents à qui lui montrerait sa tête après l'avoir tué ; bien que, dans les autres circonstances, il se conduisit toujours avec humanité même envers les ennemis les plus acharnés, et qu'au lieu de faire périr le satrape[12] Tiridate coupable d'avoir excité des troubles en Arménie, égorgé le roi des Hénioques et menacé de son épée Vérus qui lui adressait des reproches sur ces actes, il l'eût seulement relégué en Bretagne. Voilà jusqu'à quel point alla, sur le moment, sa colère contre Ariogaesos ; néanmoins, lorsque dans la suite ce prince fut pris, il ne lui fit aucun mal, et il se contenta de l'envoyer à Alexandrie.

Dion Cassius, *Histoire romaine*, 71, XIII, XIV.

Tandis qu'un arrangement possible se profile avec les Iazyges, la paix semble enfin acquise avec les Marcomans.

Les Marcomans, qui lui envoyèrent une ambassade, ayant exécuté – bien qu'avec peine et tardivement –, toutes les conditions imposées, il leur concéda la moitié du pays limitrophe avec le leur, à la condition qu'ils s'établiraient à trente-huit stades de l'Ister ; il leur assigna des lieux et des jours (auparavant ils n'étaient pas

12. Titre donné aux gouverneurs perses, et signifiant *protecteur du royaume*.

fixés) pour faire avec nous le commerce, et il échangea des otages avec eux.

Les Iazyges, maltraités, vinrent le trouver, afin d'entrer en arrangement ; ce fut Zanticos lui-même qui supplia Marc Aurèle. Auparavant ils avaient jeté dans les fers Banadaspos, leur second roi, pour lui avoir envoyé des ambassadeurs ; mais alors les premiers de la nation vinrent tous le trouver avec Zanticos ; ils s'arrangèrent aux mêmes conditions que les Quades et les Marcomans, excepté cependant qu'ils voulurent s'établir deux fois plus loin de l'Ister que ces peuples. L'empereur, en effet, avait l'intention de les détruire complètement ; car la force qu'ils possédaient encore et les maux qu'ils avaient causés aux Romains peuvent être appréciés par ce chiffre de cent mille captifs qu'ils rendirent, captifs qu'ils avaient encore en leur possession, malgré le nombre et de ceux qu'ils avaient vendus, et de ceux qui étaient morts, et de ceux qui s'étaient enfuis ; ils donnèrent aussi immédiatement, à titre d'alliés, huit mille cavaliers, dont Marc Aurèle envoya cinq mille cinq cents en Bretagne.

La révolte de Cassius[13] et de la Syrie força Marc Aurèle à traiter malgré lui avec les Iazyges ; cette nouvelle, en effet, l'avait tellement frappé qu'il n'écrivit pas au Sénat, comme il avait coutume de le faire dans les autres cas, les raisons qui l'avaient déterminé à traiter avec ce peuple.

---

13. Voir le chapitre : « La trahison du général Cassius ».

Les Iazyges envoyèrent des ambassadeurs et demandèrent un allégement aux conditions qui leur avaient été faites ; on leur accorda plusieurs concessions, afin de ne pas les aliéner complètement. Néanmoins, ni eux ni les Burres ne voulurent prêter leur concours aux Romains, avant d'avoir reçu de Marc Aurèle des garanties qu'il pousserait la guerre jusqu'au bout ; car ils craignaient qu'un traité de Marc Aurèle avec les Quades, comme la chose avait eu lieu auparavant, ne les exposent à une guerre avec leurs voisins.

Marc Aurèle ne recevait pas de la même manière les ambassadeurs de toutes les nations qui s'adressaient à lui, mais selon que chacune d'elles méritait de recevoir soit la citoyenneté romaine, soit l'immunité, soit une remise, perpétuelle ou temporaire, du tribut, soit un subside[14] permanent. Aussi, les Iazyges lui ayant été fort utiles, il leur fit remise de plusieurs ou plutôt de toutes les conditions imposées, à l'exception de celles qui se rapportaient aux réunions et au commerce, à la défense de faire usage de leurs propres barques et à l'interdiction des îles de l'Ister. Il leur permit de faire le commerce avec les Roxolans[15], à travers la Dacie, toutes les fois qu'ils y seraient autorisés par le gouverneur de cette province.

Dion Cassius, *Histoire romaine*, 71, XV-XIX.

---

14. Contribution financière versée à un État.
15. Autre branche du peuple des Sarmates, dont font également partie les Iazyges.

Les Quades et les Marcomans envoyèrent des ambassadeurs se plaindre que vingt mille soldats, en garnison chez chacun de ces peuples, dans les forteresses, ne leur laissaient la liberté ni de faire paître leurs troupeaux, ni de cultiver la terre, ni de se livrer en sûreté à aucune occupation, et que ces soldats recevaient les transfuges et un grand nombre de captifs, bien qu'ils fussent loin de mener une vie malheureuse, attendu qu'ils avaient les bains et tout le nécessaire en abondance ; de sorte que les Quades, ne pouvant supporter des forteresses qui s'élevaient contre eux, tentèrent d'émigrer en masse chez les Semnons. Mais Marc Aurèle, ayant eu connaissance de leur intention, les arrêta en fermant les routes qui leur livraient passage. Voilà quels étaient les sentiments qui animaient Marc Aurèle, non à s'emparer du pays de ce peuple, mais à se venger de lui.

Dion Cassius, *Histoire romaine*, 71, XX.

Marc Aurèle poursuit donc ses efforts et sa persévérance paye : l'Empire, sous son règne, ne subit aucune amputation de territoires, et conserve sa grandeur. Mais en 178, peu avant la mort de l'empereur, la menace des Germains grondera à nouveau, et c'est à Commode, bien moins diplomate que son père, que reviendra la délicate mission de préserver l'Empire…

PLACE AU PEUPLE
DANS CET « ÂGE D'ANGOISSE »[1]

L'injustice est une impiété. La nature universelle, ayant constitué les êtres raisonnables les uns
pour les autres, à voulu qu'ils s'entraident selon
leur valeur respective, sans se nuire d'aucune
manière. L'homme qui transgresse ce dessein
de la nature commet évidemment une impiété
envers la plus vénérable des divinités.

Marc Aurèle, *Pensées*, IX, 1.

L'espèce humaine est par nature insoumise à qui
la presse, bien disposée envers qui la caresse. C'est
pourquoi nous cédons plus facilement aux complai-
sants que nous ne sommes convertis par les violents, et
les conseils plus que les remontrances nous poussent
à nous améliorer. Ainsi, nous cédons à l'affabilité
des gens prévenants, nous résistons à la dureté des
houspilleurs.

Fronton, *À Marc Aurèle*, III, 16, 2.

Comme à son retour dans Rome, dans un discours
au peuple, il dit, entre autres choses, qu'il avait été
absent bien des années, les citoyens s'écrièrent :

1. Eric Robertson Dodds, *Pagan and Christian in an Age of Anxiety*,
Cambridge, 2001.

« huit », et, en même temps, montrèrent ce nombre avec leurs doigts, dans l'espérance de recevoir pareil nombre de pièces d'or pour leur souper, il sourit et répéta lui-même « huit ! », puis il leur distribua environ deux cents drachmes, somme plus forte que celles qu'ils avaient reçues jusque-là. Voilà ce que fit Marc Aurèle ; en outre, il remit à tous tout ce qui était dû soit au fisc, soit au trésor public, depuis quarante-six ans, et ordonna d'en brûler tous les titres en plein Forum. Il fit des largesses à plusieurs villes, parmi lesquelles fut Smyrne, fortement endommagée par un tremblement de terre, et confia à un sénateur ayant exercé la préture le soin de la relever. C'est pourquoi je m'étonne, maintenant encore, qu'on l'ait accusé de manquer de grandeur d'âme ; car si, en tout, il était véritablement économe, quand il s'agissait de frais nécessaires, il ne reculait devant rien, sans pour autant épuiser, comme je l'ai dit, le peuple par de trop lourdes contributions, et faisant, dans les cas de nécessité, les dépenses les plus considérables en dehors des dépenses ordinaires.

Dion Cassius, *Histoire romaine*, 71, XXXII.

Il se conduisit avec le peuple comme s'il eût vécu dans un état libre. Plein de bonté pour les hommes, il avait l'art de les détourner du mal et de les porter au bien, donnant des récompenses aux uns, adoucissant les peines des autres. Il rendit bons les méchants et excellents les bons. Il supporta aussi avec modération les railleries de quelques personnes : un certain

Vétérasitrus, qui avait la plus détestable réputation, lui demanda un jour de faire partie des dignitaires ; l'empereur l'exhorta à redresser d'abord l'opinion qu'on avait de lui ; et celui-ci ayant répondu que l'on voyait au rang des préteurs plusieurs de ceux qui avaient combattu avec lui dans l'arène, il ne s'offusqua pas de cette réponse. Craignant surtout de punir trop facilement, il avait l'habitude, quand un magistrat, fût-ce un préteur, s'était mal conduit, non de le contraindre à renoncer à ses fonctions, mais de les donner à un de ses collègues. Jamais il ne jugea en faveur du fisc, dans les causes qui pouvaient l'enrichir. Il savait être ferme et bon tout ensemble.

Histoire auguste (Julius Capitolinus), Vie de Marc Aurèle, XII.

Il réduisit les dépenses publiques, et mit un terme aux calomnies des délateurs, en notant d'infamie ceux qui portaient de fausses accusations. Il méprisa les délations qui enrichissaient le fisc. Il prit de sages mesures pour la distribution des aliments publics. Il choisit dans le Sénat des curateurs pour plusieurs villes, afin de donner plus d'éclat à la dignité de sénateur. Dans un temps de famine, il fit distribuer aux villes d'Italie du blé tiré des greniers de Rome, et il donna tous ses soins aux approvisionnements. Il modéra par toutes sortes de moyens les combats de gladiateurs. Il diminua aussi la valeur des présents qu'on faisait aux histrions outre leurs appointements, et il leur défendit de recevoir plus de cinq pièces d'or, en laissant toutefois à celui qui donnait le spectacle la faculté d'aller jusqu'à dix. Il fit soigneusement entretenir les rues de Rome et les grands chemins. Il veilla avec sévérité aux distributions de blé. Il donna des juges à l'Italie, suivant l'exemple d'Hadrien, qui avait chargé des consulaires d'y rendre la justice. Les Espagnes étant épuisées, il vint sagement à leur secours, au moyen de levées faites en Italie, contrairement à ce que Trajan avait ordonné. Il compléta aussi les lois sur le vingtième des successions[2], sur la tutelle des affranchis, sur les biens maternels, sur la part des enfants mâles dans l'héritage de leur mère. Il donna aux curateurs[3] des quartiers et des routes le droit de punir eux-mêmes ou de renvoyer au préfet de Rome, pour être punis, les receveurs qui auraient exigé quoi que ce fût au delà de la taxe. Mais il remit en vigueur les anciennes lois plutôt qu'il n'en fit de nouvelles. C'était toujours d'après l'avis des préfets, et sous leur responsabilité, qu'il rendait la justice.

Histoire auguste (Julius Capitolinus), Vie de Marc Aurèle, 11.

Prépare-toi, lorsque tu prononceras certains discours devant une assemblée, à te dévouer parfois à leurs oreilles. Et lorsque tu agiras ainsi, songe que tu

2. Cet impôt impopulaire, crée par Auguste, servait à alimenter le fond de réversion aux vétérans. Ces droits de succession étaient reversés aux vétérans sous forme de prime, à la fin du règne de l'empereur.

3. Personnes à l'autorité incontestable, nommées par l'empereur, et chargées de trouver des solutions aux problèmes rencontrés par les cités dans lesquelles elles ont été nommées. Ces nominations restent cependant exceptionnelles.

agiras de la même manière dont vous agissez lorsque vous décorez ou épargnez, à la demande du peuple, ceux qui ont tué les bêtes du cirque avec vigueur, y compris des hommes coupables ou condamnés pour un crime. En tout lieu donc le peuple est maître, il prévaut et l'emporte. En conséquence, c'est ce qui plaira au peuple que tu feras, que tu diras.

Fronton, *À Marc Aurèle*, II, 2, 2.

L'empereur va d'ailleurs donner un exemple frappant de son vif intérêt pour l'équilibre de son empire en proposant cette inédite mise aux enchères de ses biens propres afin de renflouer les caisses publiques...

Mais comme cette guerre avait épuisé tout son trésor, et qu'il ne pouvait se résoudre à frapper les provinces d'un impôt extraordinaire, il fit vendre aux enchères, dans le forum de Trajan, les ornements impériaux, les coupes d'or et de cristal, les vases royaux, les vêtements de femme, tissés d'or et de soie, enfin toutes les pierres précieuses qu'il avait trouvées dans le trésor privé d'Hadrien. Cette vente dura deux mois, et produisit assez pour le mettre en état d'achever, comme il l'avait résolu, la guerre contre les Marcomans. Il donna plus tard aux acheteurs la faculté de lui rendre ces objets pour le prix qu'ils les avaient payés, et il ne témoigna aucun mécontentement ni à ceux qui les rendirent ni à ceux qui les gardèrent.

Histoire auguste (Julius Capitolinus),
Vie de Marc Aurèle, XVII, 2.

Ses largesses se donnent à voir et dans le pain, et dans le cirque.

Il permit aux citoyens les plus distingués de déployer dans leurs festins le même appareil que lui, et d'y avoir des serviteurs semblables aux siens. Plein de magnificence dans ses spectacles, il fit voir, un jour, au peuple, dans une seule chasse, cent lions qui tombèrent percés de flèches.

Histoire auguste (Julius Capitolinus),
Vie de Marc Aurèle, XVII, 3.

Cependant, il est loin de partager la liesse des arènes, et se préfère sérieux et studieux jusque dans les gradins…

Marc Aurèle avait l'habitude, pendant les jeux du cirque, de lire, d'entendre des rapports et de signer des édits ; ce qui, dit-on, l'exposa souvent aux railleries du peuple.

Histoire auguste (Julius Capitolinus),
Vie de Marc Aurèle, XV.

De même que tu es écœuré par les jeux de l'amphithéâtre et des lieux analogues, parce qu'on y voit toujours les mêmes choses et que la monotonie rend le spectacle fastidieux, tu éprouveras les mêmes sentiments à considérer la vie d'un bout à l'autre. En tout, du haut en bas, mêmes effets, produits par les mêmes causes. Jusqu'à quand ?

Marc Aurèle, *Pensées*, VI, 46.

Marc Aurèle n'est pourtant pas le seul à afficher sa consternation face à cette tradition mortifère de l'arène. Avant lui déjà, Sénèque, philosophe stoïcien en charge de l'éducation du prince Néron, livrait à son ami Lucilius son indignation.

On cherche en tout et partout son plaisir. La notion d'honnête homme est abolie. Il n'y a pas de honte là où sourit le profit. L'homme, chose sacrée pour l'homme, on l'égorge de nos jours par jeu et par passe-temps. L'instruire à infliger et recevoir des blessures était déjà impie, voici qu'on le traîne devant le public nu, désarmé, et tout le spectacle que nous attendons d'une créature humaine, c'est son agonie.

Sénèque, *Lettres à Lucilius*, XV, 33.

Marc Aurèle prenait si peu de plaisir à verser le sang qu'à Rome les combats de gladiateurs auxquels il assistait étaient des combats sans danger comme ceux des athlètes ; jamais, en effet, il ne donna à aucun d'eux une épée pointue, et tous n'avaient pour combattre que des armes émoussées comme si elles étaient capitonnées. Il avait tellement horreur du sang, qu'il fit, à la demande du peuple, amener un lion à qui on avait appris à manger de la chair humaine, et qu'au lieu de regarder l'animal et d'affranchir son maître, comme on l'en pressait vivement, il fit proclamer par le héraut que cet homme n'avait rien fait qui méritât la liberté.

Dion Cassius, *Histoire romaine*, 71, XXIX, 2.

Entre autres preuves de l'humanité de Marc Aurèle, on doit louer l'attention qu'il eut de faire mettre des matelas sous les danseurs de corde, après la chute de l'un d'eux ; et de là vient l'usage d'étendre aujourd'hui sous la corde un filet.

Histoire auguste (Julius Capitolinus),
Vie de Marc Aurèle, XII, 3.

Pourtant, il n'est pas encore temps d'abolir les jeux du cirque. Pareil affront au peuple est absolument inconcevable, les mentalités ne sont pas prêtes. Marc Aurèle rédige alors vers 176 un sénatus-consulte[4] par lequel il déclare renoncer à une partie des impôts prélevés sur les combats de gladiateurs, se refusant à toucher de l'argent éclaboussé par le sang. Il entreprend également d'alléger considérablement les frais à investir dans de telles manifestations. Il se pourrait que sa bonté ait été bien mal récompensée : les impôts étant moins lourds, les organisateurs des jeux peuvent donc surenchérir dans le spectaculaire et acquérir plus de gladiateurs, ainsi que des condamnés à mort à offrir en pâture aux bêtes et aux regards avides.

Parmi ces condamnés, certains valent bien moins que d'autres tant ils exaspèrent le pouvoir autant que la populace : les Chrétiens. En cet été 177, alors que se prépare une des plus grandes fête de l'empire, celle des Trois Gaules à Lyon, Blandine et ses tristes comparses attendent dans

---

4. Il ne reste que des fragments de ce sénatus-consulte (édit), les fragments de Sardes et ceux d'Italica, découverts au milieu du XXᵉ siècle. (Cf. William Lameere, *Les Problèmes de l'histoire du christianisme*, Bruxelles, 1974.)

leur geôle une mort longue, douloureuse, mais certaine…
La persécution des Chrétiens atteint alors son paroxysme
dans le nombre d'exécutés et le raffinement des supplices
qui leur sont infligés.

Le silence est complet au sujet de cette persécution de la
part des historiens d'alors, et le seul témoignage qu'il nous
en reste est une lettre des évêques de Lyon à leurs confrères
en Asie, la fameuse Lettre des martyrs de Lyon, *relatée*
par Eusèbe de Césarée dans son Histoire ecclésiastique.
Ce témoignage intense et dramatique offre plus une idée des
dispositions idéologiques de cette jeune secte qu'est alors le
christianisme, et de la violence des affrontements entre sectes
opposées, que le reflet véritable de ce qui a bien pu se passer
dans les gradins de l'amphithéâtre gaulois cet été-là…

La Gaule est le pays où fut installé le stade des
violences contre ceux dont nous parlons : elle a des
métropoles remarquables qui l'emportent sur les
autres de cette contrée : leur nom est célèbre, c'est
Lyon et Vienne. Le fleuve du Rhône, qui arrose abondamment de son cours toute la région, les traverse
l'une et l'autre.

L'intensité de la persécution qui s'est produite
ici, la colère si grande des gentils[5] contre les saints,
et tout ce qu'ont supporté les bienheureux martyrs,
nous ne sommes pas capables de le dire avec exactitude, et il n'est assurément pas possible de le rendre
dans un écrit. C'est en effet avec toute sa force que
l'Adversaire a frappé, préludant déjà au déchaînement

5. Les païens.

qui marquera son avènement. Il mit tout en œuvre pour former les siens et les exercer par avance contre les serviteurs de Dieu. Aussi bien, non seulement on nous interdisait les maisons, les bains, le forum, mais en général on défendait encore à chacun de nous, de paraître en quelque lieu que ce fût.

Eusèbe de Césarée, *Histoire ecclésiastique*, livre V, 1, 4-6.

Un nombre important – bien qu'incertain – de Chrétiens est arrêté avant l'été, comme cela se pratiquait alors, bien qu'en des proportions apparemment réduites. Parmi eux certains vont se distinguer par leur incroyable témérité, et ils semblent représenter dans ce récit les meilleurs sujets que le Christ pût espérer. Leur sort fut pourtant malheureusement commun à bien d'autres anonymes.

Tout d'abord ils supportèrent courageusement les supplices infligés par la foule entière : ils furent insultés, battus, traînés, pillés, lapidés, enfermés ensemble, ils endurèrent tout ce qu'une populace enragée aime à faire subir à des adversaires ou à des ennemis. Ils montèrent alors au forum, emmenés par le tribun et les magistrats qui présidaient à la ville ; interrogés devant toute la foule, ils rendirent témoignage[6] et on les mit ensemble dans la prison jusqu'à l'arrivée du gouverneur.

Eusèbe de Césarée, *Histoire ecclésiastique*, livre V, 7-8.

6. Martyr signifie premièrement « témoin » en grec, le martyr est donc ici celui qui témoigne ouvertement de sa foi envers le Christ sans craindre le châtiment encouru.

Les Chrétiens prennent de court la majorité des païens par leur extraordinaire aplomb, et leur refus de céder à la pression du peuple en reniant leur Dieu. En effet la religion de l'Empire, le paganisme, sacrifiant à plusieurs dieux, était plutôt un rituel social et politique (on déférait devant l'empereur, que l'on divinisait souvent même de son vivant), que la démonstration d'une foi véritable, s'essoufflant alors. Plus qu'un conflit idéologique, la foi chrétienne s'apparente alors à une véritable rébellion contre l'ordre impérial, reconnaissant un autre Dieu que l'empereur, plus puissant et magnanime qu'aucun être vivant sur Terre. Un Dieu unique et sacrifié, très préoccupé par les hommes à la différence des dieux païens préoccupés d'abord par eux-mêmes. Un Dieu qui s'est effacé, et a décidé de ne plus « être », pour permettre à l'homme d'exister et de s'accomplir. Une telle espérance, doublée de tant de protection de la part d'une puissance divine aimante ne manqua pas de faire rapidement de nombreux adeptes, scindant spirituellement et socialement l'empire. Or, si l'ordre social était menacé, c'est tout entier que l'empire menaçait de chanceler… Une telle situation était bien évidemment inconcevable pour la majorité. Si les persécutions ne sont pas nouvelles sous Marc Aurèle, elles sont bien plus notables, par comparaison avec la disposition naturelle à la tolérance et à la générosité de l'empereur.

Mais reprenons le cours de l'histoire…

Une distinction apparut alors : les uns étaient évidemment prêts au martyre, et avec une ardeur sans frein confessaient leur foi, mais il en parut d'autres qui n'étaient ni préparés ni exercés et qui se trouvaient encore faibles et incapables de supporter l'effort d'un grand combat ; de ceux-ci, dix environ échouèrent. Ils nous causèrent un grand chagrin et une incommensurable douleur : ils brisèrent l'empressement des autres qui n'avaient pas été arrêtés et qui, au prix de terribles souffrances, se tenaient pourtant auprès des martyrs et ne les abandonnaient pas.

Nous étions tous grandement terrifiés de l'ambiguïté de leur confession ; nous ne craignions pas les châtiments qu'on infligeait, mais en regardant notre fin, nous craignions que quelqu'un ne vînt à faillir.

Eusèbe de Césarée, *Histoire ecclésiastique*, livre V, 11-12.

Quatre martyrs retiennent vite toute l'attention : Sanctus, Maturus, Attale, et bien sûr, Blandine, qui sera par la suite canonisée.

Toute la colère de la foule, comme du gouverneur et des soldats, s'acharna sans mesure sur Sanctus, le diacre de Vienne, sur Maturus, simple néophyte, mais athlète valeureux, sur Attale, originaire de Pergame, et qui avait toujours été la colonne et le soutien de ceux qui étaient ici, et enfin sur Blandine. En celle-ci le Christ montra que ce qui est simple, sans beauté et méprisable aux yeux des hommes est jugé digne d'une grande gloire auprès de Dieu à cause de l'amour qu'on a pour lui, amour qui se montre dans la force et ne se vante pas dans une vaine apparence.

Nous craignions en effet tous que Blandine ne pût pas confesser librement sa foi à cause de la faiblesse de son corps. Mais celle-ci fut remplie d'une force à épuiser et briser les bourreaux qui s'étaient relayés pour l'accabler de toutes sortes de tortures depuis le matin jusqu'au soir : ils avouèrent qu'ils étaient vaincus n'ayant plus rien à lui faire : ils s'étonnaient qu'il restât encore un souffle en elle, quand tout son corps était brisé et ouvert, ils avouaient qu'une seule espèce de ces supplices suffisait pour arracher la vie à quelqu'un, à plus forte raison des tortures aussi cruelles que nombreuses.

Mais la bienheureuse, comme un généreux athlète, trouvait une nouvelle jeunesse dans la confession de sa foi, c'était pour elle un renouvellement de ses forces, un repos et une cessation des souffrances endurées que de dire :

« Je suis chrétienne et chez nous il n'y a rien de mal. »

Sanctus, lui aussi, supporta d'une manière supérieure et plus courageusement que personne, toutes les violences qui lui venaient des hommes : les pervers espéraient que, grâce à la durée et à l'intensité des tourments, ils entendraient de lui des paroles condamnables. Il leur tint tête avec une telle fermeté, qu'il ne leur dit ni son nom, ni celui de la nation et de la ville d'où il était, ni s'il était esclave ou libre, mais à toutes les questions, il répondait en langue latine :

« Je suis chrétien. »

Eusèbe de Césarée, *Histoire ecclésiastique*, livre V, 17-19, 20.

C'en est trop pour les Romains : que le moindre esclave ou la moindre femme puissent défier et tenir tête au pouvoir avec tant d'insolence déchaîna leur fureur. Ils rivalisèrent d'ingéniosité pour parvenir à faire plier, en vain, ces maudits entêtés.

Et puisqu'ils ne capitulent pas, les martyrs nourriront les bêtes, pour le plaisir de la foule.

Maturus, Sanctus, Blandine et Attale furent donc conduits aux bêtes à l'amphithéâtre et au spectacle commun de l'inhumanité des païens. C'était précisément la journée des combats de bêtes, donnée avec le concours des nôtres.

Maturus et Sanctus passèrent aussi de nouveau dans l'amphithéâtre par toutes sortes de tourments, comme s'ils n'eussent absolument rien souffert auparavant, ou plutôt comme des athlètes qui ont déjà vaincu leur adversaire en des épreuves nombreuses désignées par le sort et n'ont plus à supporter que le combat pour la couronne elle-même. Ils furent encore passés par le fouet comme c'est la coutume du lieu, traînés par les bêtes, soumis à tout ce qu'un peuple en délire, les uns d'un côté, les autres de l'autre, ordonnait par ses clameurs : enfin on les fit asseoir sur la chaise de fer, où l'odeur de leur graisse consumée les fit suffoquer.

Mais les païens n'étaient pas calmés et leur fureur grandissait encore davantage ; ils voulaient vaincre la constance des martyrs. De Sanctus ils n'obtenaient rien d'autre que la parole de sa confession qu'il répétait depuis le commencement. Finalement, comme Maturus et Sanctus survivaient encore malgré ce long combat, on les égorgea.

Eusèbe de Césarée, *Histoire ecclésiastique*, livre V, 37-40.

Vient alors le tour d'Attale et de Blandine, exaspérante dans la joie indéfectible de retrouver son Seigneur qu'elle oppose à ses ennemis. Comment faire, lorsque les souffrances abominables et la mort n'effraient plus les disciples ? Un miracle semble alors survenir, peut-être lié au fait que Blandine ne montrait aucune peur et chantonnait doucement.

Quant à Blandine, elle fut liée et suspendue à un poteau pour être dévorée par les bêtes lancées contre elle : la regarder ainsi attachée en forme de croix, l'entendre prier à haute voix, donnait aux athlètes un grand courage : il leur semblait, dans ce combat, voir en leur sœur celui qui a été crucifié pour eux, afin de persuader ceux qui croient en lui, que quiconque souffre ici-bas pour la gloire du Christ aura éternellement part au Dieu vivant.

Or, pas une des bêtes ne sembla vouloir la toucher. Détachée du poteau, elle fut ramenée dans sa prison et réservée pour un autre combat.

Attale fut, lui aussi, réclamé à grands cris par la foule, car il était bien connu. Il entra dans l'arène, lutteur préparé au combat par la pureté de sa conscience. Il s'était en effet exercé généreusement dans la discipline chrétienne, il était et il fut toujours parmi nous le témoin de la vérité.

On lui fit faire le tour de l'amphithéâtre et une tablette était portée devant lui, sur laquelle était écrit en latin : « Voici Attale le chrétien », et le peuple était tout frémissant de colère contre lui.

Eusèbe de Césarée, *Histoire ecclésiastique*, livre V, 41-44.

Pour celui-ci, un doute est alors soulevé : faut-il sacrifier un citoyen romain ? La prudence veut alors qu'on vérifie les consignes de Marc Aurèle, qui sont on ne peut plus claires : reniez ou mourrez. Si Attale, ainsi que Blandine, bénéficient d'un délai, les massacres continuent pour autant.

Mais le gouverneur apprit qu'il était Romain, il ordonna alors qu'on le reconduisît dans la prison où se trouvaient aussi les autres, puis il écrivit à l'empereur à leur sujet, et attendit sa réponse.

Ce délai ne fut pour eux ni inutile ni stérile[7], mais dans la patience des prisonniers, l'incommensurable pitié du Christ se manifesta. Les vivants vivifiaient les morts et les martyrs faisaient grâce à ceux qui n'avaient pas été martyrs.

Ce fut en effet par ces confesseurs que beaucoup de ceux qui avaient renié le Christ se mesurèrent de nouveau, furent conçus et ranimés à la vie : ils apprirent à rendre témoignage de leur foi, et, désormais pleins de vigueur et de force, ils s'avancèrent vers le tribunal pour être à nouveau interrogés par le gouverneur.

---

7. L'empereur se trouvait très probablement en Pannonie au moment des faits, quoiqu'il en soit, de Rome ou de Pannonie, il fallut compter quelques semaines pour obtenir sa réponse.

Marc Aurèle avait répondu qu'il fallait mettre à mort les Chrétiens, mais pour ceux qui renieraient leur foi, on devrait les mettre en liberté. La fête qu'on célèbre ici chaque année[8] – elle est très fréquentée et on y vient de toutes les nations – avait commencé de se tenir. Le gouverneur fit solennellement amener au tribunal les bienheureux, les donnant en spectacle aux foules : il les interrogea de nouveau. À ceux pour qui il apparut qu'ils avaient le titre de citoyen romain, il fit couper la tête, il envoya les autres aux bêtes.

Eusèbe de Césarée, *Histoire ecclésiastique*, livre V, 45-47.

Pourquoi Attale ne fut pas décapité alors, rien ne l'indique. Il semblerait qu'il ait servi d'exemple, car il fut renvoyé dans l'arène avec Blandine. Tous les jours de leur captivité, en attendant la décision de l'empereur, ils avaient été forcés d'assister au supplice des leurs, ultime tentative, sans effet, de les dissuader de jurer par leur Dieu …

Attale avait été placé sur la chaise de fer et y brûlait de tous côtés. Tandis que se répandait l'odeur de son corps grillé, il s'adressa à la foule en latin : « Eh bien ! C'est cela, manger de la chair humaine : c'est ce que vous faites ! Nous, nous ne faisons rien de mal. »

Restait la bienheureuse Blandine, la dernière de tous. Elle parcourut de nouveau à son tour toute la

8. Allusion à la fête annuelle des Trois Gaules, ayant lieu en juillet. On peut donc précisément dater les évènements de cette année 177.

série des combats de ses congénères et se hâta de les
rejoindre, pleine de joie et d'allégresse en ce départ.
Elle semblait conviée à un banquet de noces et non
pas destinée aux bêtes.

Après les fouets, après les fauves, après le gril, on
la mit en dernier lieu dans un filet et on la présenta à
un taureau : elle fut bien des fois projetée en l'air par
l'animal, mais elle n'éprouvait aucun sentiment de ce
qui lui arrivait, grâce à l'espérance, à l'attachement
aux biens de la foi et à sa conversation avec le Christ.
Elle fut immolée elle aussi, et les païens eux-mêmes
avouèrent que jamais parmi eux une femme n'avait
enduré d'aussi nombreux et durs tourments.

Eusèbe de Césarée, *Histoire ecclésiastique*, livre V, 52, 55-56.

*Rien de tout cela pourtant, ne semble calmer les autorités
et le peuple, piqués dans leur orgueil de devoir constater le
courage exceptionnel de ces martyrs. La cruauté et la haine
ne trouvent alors aucune limite...*

Cependant même ainsi la fureur et la cruauté du
peuple contre les saints n'étaient pas rassasiées : ces
tribus sauvages et barbares excitées par la bête féroce,
étaient en effet difficiles à apaiser : leur insolence se
déchaîna encore particulièrement contre les corps
des victimes.

Ceux qui avaient été asphyxiés dans la prison
furent en effet jetés aux chiens, et ce fut avec soin
qu'on les garda jour et nuit, de peur que quelqu'un
des nôtres ne les ensevelît. Ils exposèrent alors aussi

ce qui restait de ceux qu'on avait jetés aux bêtes et au feu, ce qui était déchiré ça et là et ça et là carbonisé : les têtes et les troncs des autres restaient également sans sépulture et étaient gardés avec soin par des soldats pendant de longs jours.

Les uns frémissaient de rage et grinçaient des dents devant ces restes, cherchant quels supplices plus grands leur infliger ; les autres ricanaient et se moquaient, exaltant en même temps leurs idoles auxquelles ils attribuaient le châtiment de ceux-ci ; les autres cependant, plus modérés et paraissant compatir à un tel malheur, faisaient entendre de nombreux reproches et disaient : « Où est leur Dieu et à quoi leur a servi la religion qu'ils ont préférée à leur propre vie ? »

Eusèbe de Césarée, *Histoire ecclésiastique*, livre V, 57-59, 60.

En effet, cette question récurrente aux réponses imprécises hante les autorités. L'empereur et beaucoup d'autres sont agacés de tant d'ostentation, celle qu'Origène[9] qualifie de « grand spectacle pour les anges [10] ».

Peu de temps après, sous Commode, se tient cet épisode raconté par Tertullien, défenseur lui aussi de la cause chrétienne et de ses martyrs. On y découvre les prémices d'une

9. Un des grands auteurs chrétiens, et pères fondateurs de l'Église, né sous Commode en 185 et mort vers 253.

10. « Lorsque Dieu vous destine au martyre, une multitude immense est appelée à être témoin de votre combat : vous pouvez donc dire : *Nous sommes donnés en spectacle au monde, aux anges, aux hommes.* » Origène, *Exhortation au martyre*.

relation véritablement sadomasochiste : « puisque vous
voulez souffrir et mourir, pour vous contrarier et affirmer
notre puissance, nous ne ferons rien », semblent dire les
autorités aux Chrétiens…

Votre cruauté fait notre gloire. Prenez garde seulement qu'en nous poussant à bout, nous ne courions
tous au-devant de vos exécutions, uniquement pour
vous convaincre qu'au lieu de les redouter, nous les
appelons de nos vœux. Pendant qu'Arrius Antonius[11]
se déchaînait contre nous en Asie, tous les Chrétiens
de la ville, se levant en masse, s'offrirent à son tribunal. Il se contenta d'en faire emprisonner quelques-uns : « Misérables, dit-il aux autres, si vous
voulez mourir, n'avez-vous pas assez de cordes et de
précipices ? »

Tertullien, *À Scapula*, 5.

Acerbe et ironique, il raille ensuite le culte païen rendu
à Cybèle, divinité phrygienne importée à Rome et en Grèce
et symbolisant la nature sauvage.

Cybèle a donné publiquement, de nos jours même,
une preuve magnifique de sa majesté transportée à
Rome : après la mort de Marc Aurèle, enlevé à Sirmium
le seizième jour des calendes d'avril (17 mars 180),
le très respectable grand-prêtre de Cybèle faisant des
libations d'un sang impur et se déchirant les bras, le
neuvième jour des mêmes calendes (24 mars), ordonna

---

11. Consul sous l'empereur Commode.

les prières ordinaires pour le salut de l'empereur, qui
était déjà mort ! Ô courriers trop lents, ô somnolentes
dépêches ! C'est par votre faute que Cybèle n'a pas
appris plus tôt la mort de l'empereur, pour empêcher
les Chrétiens de rire d'une telle déesse !

Tertullien, *Apologétique*, XXV, 5-6.

*Pourtant, Tertullien, s'il s'insurge contre les persécuteurs,
et se moque de leurs rites païens, défend Marc Aurèle auquel
il voue un grand respect, comme à l'autorité impériale en
règle générale.*

Mais parmi tant de princes qui suivirent jusqu'à
nos jours, de tous ceux qui s'entendaient aux choses
humaines et divines, citez un seul qui ait fait la guerre
aux Chrétiens ! Nous, au contraire, nous pouvons
citer parmi eux un protecteur des Chrétiens, si l'on
veut bien rechercher la lettre de Marc Aurèle[12], ce
très sage empereur, où il atteste que la soif cruelle
qui désolait l'armée de Germanie fut apaisée par
une pluie accordée aux prières des soldats par hasard
Chrétiens. S'il n'a pas révoqué ouvertement l'édit
de persécution, il en a ouvertement neutralisé les
effets d'une autre manière, en menaçant même les
accusateurs d'une peine, et d'une peine plus rigou-
reuse encore.

Tertullien, *Apologétique*, V, 5-6.

12. Cette lettre, citée également chez Eusèbe de Césarée, est
apparue comme n'ayant jamais existé, mais fabriquée par l'Eglise
pour réhabiliter l'empereur, et en faire un sympathisant.

Qu'elle est belle l'âme qui se tient prête, s'il lui faut sur l'heure se délier du corps pour s'éteindre ou se disperser ou survivre ! Mais cet état de préparation, qu'il provienne d'un jugement personnel, non d'un simple esprit d'opposition, comme chez les Chrétiens. Qu'il soit raisonné, grave et, si tu veux qu'on te croie sincère, sans pose théâtrale !

Marc Aurèle, *Pensées*, XI, 3.

L'empereur lui-même, dont la doctrine stoïcienne qui lui est chère s'oppose en de multiples points à la doctrine chrétienne, ne comprend pas l'excitation et la ferveur de ces hommes prêts à mourir pour un Dieu dont ils ne donnent aucune preuve. Marc Aurèle se refuse aux passions, n'envisage aucun salut dans la mort, mais un retour à un cosmos dont nous ne composons qu'une infime partie [13].

Souviens-toi que ton guide intérieur devient inexpugnable, quand, replié sur lui-même, il se contente de ne pas faire ce qu'il ne veut pas, sa mise en défense fût-elle irraisonnée. Que sera-ce quand, s'aidant de la raison et de la circonspection, il prononce un jugement ? Aussi est-ce une citadelle que l'intelligence libre de passions. L'homme n'a pas de plus forte position où se retirer, pour être imprenable désormais. S'il ne l'a pas vue, c'est un ignorant ; s'il l'a vue et qu'il ne s'y retire pas, c'est un malheureux.

Marc Aurèle, *Pensées*, VIII, 48.

---

13. Voir le chapitre « Dans la citadelle du sage ».

Attaché aux cultes à mystères en pleine expansion à cette époque, initié lui-même à la fin de sa vie aux Mystères d'Eleusis[14]*, il conçoit l'acte rituel comme individuel, personnel et surtout, multiple. On constate que malgré toute la science et la bonté de cet homme ouvert et cultivé, s'il n'a pas excité la haine contre les Chrétiens, il n'a rien fait pour mettre un terme aux persécutions. C'est pour certains l'une des plus grandes tragédies de l'histoire*[15]*.*

Mais si les païens moquent ou craignent ce déferlement, les Chrétiens ne sont pas en reste pour juger durement leurs opposants, trouvant parfois dans les rangs des païens même un soutien pour railler ces cultes multiples, et leur lot de superstitions et de supercheries.

Ammien Marcellin raconte qu'une anecdote circulait à Rome au temps de Marc Aurèle, connu pour sacrifier en

---

14. Du nom de la ville grecque Éleusis ; il s'agit de cultes ésotériques d'origine orientale. Ils sont basés sur la croyance d'une vie après la mort pour quiconque y est initié, et garde le secret sur ces pratiques, si bien que nous n'avons que peu d'éléments sur ces rituels. Voir Walter Burkert, *Les Cultes à mystères dans l'Antiquité,* Les Belles Lettres, 2003.

15. « La nouvelle religion visait ouvertement à défaire les liens. Et comme son devoir ne lui dictait pas d'adopter cette religion, c'est qu'il lui fallait la détruire. C'est ainsi que le plus doux des souverains – parce qu'il ne pouvait ni croire que la théologie du christianisme fût vraie ou d'origine divine, ni accréditer cette étrange histoire d'un dieu crucifié, ni prévoir qu'un système censé reposer sur de telles bases s'avèrerait par la suite, en dépit des revers, l'agent du nouvellement – fut conduit par un sens profond du devoir à autoriser la persécution du christianisme. À mon sens, c'est l'un des évènements les plus tragiques de l'histoire. On n'imagine pas sans amertume combien le christianisme du monde aurait été différent si la foi chrétienne était devenue la religion de l'empire sous les auspices de Marc Aurèle et non ceux de Constantin. » John Stuart Mill, *De la liberté.*

abondance des taureaux et autres animaux avant et après
ses départs en campagne. Il met dans la bouche de ces bêtes
ces cocasses propos :

> « Les bœufs blancs à Marc Aurèle : à toi, salut !
> Encore une victoire et nous sommes perdus… »

Ammien Marcellin, *Histoires*, XXXV, 17.

Lucien, dans Alexandre ou le faux prophète, *person-*
nage qui aurait existé, dénonce avec humour mais ferveur ces
abus de toutes sortes. Cet imposteur, aidé de son comparse,
parcourt l'Empire en multipliant les tours grotesques, s'ap-
puyant sur le besoin forcené du peuple de se retrouver dans
une nouvelle religiosité ésotérique, à une époque ou la magie
et les cultes mystérieux sont en pleine expansion…

Tous deux, en vains scélérats que rien n'intimide,
parfaitement prêts aux mauvaises besognes et dûment
associés, eurent vite compris que l'homme vit sous
la tyrannie de ces deux grandes passions, l'espoir et
la peur, et que celui qui saurait les utiliser l'une et
l'autre à propos ferait vite fortune. Ils voyaient que
l'homme qui espère et celui qui a peur ne peuvent, ni
l'un ni l'autre, se passer de la science de l'avenir.

Lucien, *Alexandre ou le faux prophète*, 8.

Jusqu'à l'ambassadeur en Cappadoce, Sedatius
Severianus, Alexandre parvient à faire entendre ses pro-
phéties, aux conséquences désastreuses.

Par exemple, l'oracle rendu à Sévérianus sur son expédition en Arménie. Pour le pousser à l'attaque, il s'exprima ainsi :

« Après avoir dompté Parthes et Arméniens de ta lance rapide,

Tu reviendras à Rome et aux eaux miroitantes du Tibre,

Les tempes ceintes d'une couronne pleine de rayons ! »

Puis quand ce pauvre sot de Celte, tout confiant, eut attaqué sans réussir à rien qu'à se faire massacrer par Chosrôès[16] avec son armée, Alexandre ôta l'oracle de ses archives et le remplaça par cet autre :

« Ne lance pas ton armée contre les Arméniens : ce n'est pas le meilleur parti.

Prends garde qu'un homme en robe de femme ne te lance, de son arc,

Un malheureux destin et ne t'enlève la lumière et la vie. »

Lucien, *Alexandre ou le faux prophète*, 27.

Son audace n'a pas de limite, ainsi s'improvise-t-il également médecin de santé publique…

Il avertissait les villes de se méfier des pestes, des incendies, des tremblements de terre. Voici un

---

16. Un lieutenant de Vologèse, qui écrasa en 161 la première attaque romaine contre les Parthes. Sévérianus se suicida à l'issue du combat.

oracle qu'il répandit dans tout le pays au temps de la peste :

« Phoibos aux cheveux longs chasse les vapeurs de la peste. »

Et l'ont put voir ce vers écrit partout sur les portes : on pensait qu'il chassait la peste. Mais cela réussit à rebours dans la plupart des cas. Par un hasard, la peste vida surtout les maisons qui portaient cette inscription. Entends-moi bien : je ne dis pas que ce fut l'inscription qui leur porta malheur. Mais le hasard fit ainsi les choses. Peut-être aussi que la plupart d'entre eux, à cause de la confiance même qu'ils mettaient dans ce vers, se relâchèrent, négligèrent leur hygiène, n'aidèrent pas l'oracle à éloigner la maladie.

Lucien, *Alexandre ou le faux prophète*, 36.

Le malchanceux rate à priori chacun de ses tours…

Ce coquin a osé bien des choses, mais voici la plus forte de toutes. Il fit parvenir à la cour un oracle au plus fort de la guerre de Germanie, quand le divin Marc Aurèle se trouvait déjà aux prises avec les Marcomans et les Quades. L'oracle voulait que l'on jetât dans le Danube deux lions vivants, avec beaucoup d'aromates et de somptueux sacrifices afin de se garantir la victoire.

On fit comme il avait ordonné. Mais les lions nagent jusqu'à l'autre bord et arrivent en territoire ennemi ; les Barbares les prennent pour quelques chiens ou quelques loups d'une espèce étrangère, les assomment, à coups de bâtons, et à l'instant même nos troupes éprouvèrent ce formidable désastre où vingt mille hommes périrent d'un coup[17]. Il fut suivi de l'affaire d'Aquilée, dans laquelle nous avons bien failli perdre cette ville. Alors pour justifier platement l'évènement, Alexandre nous produisit l'excuse célèbre : « Le dieu a prédit une victoire, mais il n'a point expliqué si c'était celle des Romains ou des ennemis. »

Lucien, *Alexandre ou le faux prophète*, 48.

Mais tout ceci paraît bien inoffensif à l'empereur qui est bien plus amène avec les prophètes imposteurs qu'il ne le fut envers les Chrétiens... Est-ce d'Alexandre dont on nous parle dans ce dernier exemple ?

À cette époque parut un fourbe qui, ayant formé avec quelques complices le projet de piller Rome, annonça que le jour où il parlerait à la foule du haut d'un figuier sauvage, dans le champ de Mars, un globe de feu descendrait du ciel et occasionnerait la fin du monde, si, au moment où il tomberait lui-même du figuier, il se changeait en cigogne. Le jour marqué, il tomba en effet de cet arbre, en lâchant une cigogne qu'il avait dans son sein. L'empereur se le fit amener, et, sur l'aveu de son imposture, lui accorda sa grâce.

*Histoire auguste (Julius Capitolinus),
Vie de Marc Aurèle*, XIII, 3.

---

17. Ce désastre eut lieu en 166 mais la situation fut rapidement rétablie.

Malgré les scissions de son peuple et les dissidences naissantes, l'empereur est en grande majorité adulé dans de nombreuses places publiques ou privées, ce qui n'a pas pour effet de l'enorgueillir. Il connaît la gravité des conflits qui agitent son empire, à l'intérieur comme à l'extérieur, et ne s'estime jamais parvenu.

Tu sais que dans toutes les échoppes, les petits restaurants, les boutiques, les halles, les vestibules, les fenêtres, en tout lieu, partout, sont communément exposées les images de toi, la plupart certes mal peintes, la plupart aussi sculptées ou gravées par une frustre voire méprisable Minerve. Cependant, jamais, sur mon chemin, je ne pose mon regard sur ton image, aussi peu ressemblante soit-elle, sans qu'elle ne m'arrache un sourire.

Fronton, À Marc Aurèle, IV, 12, 6.

Ce n'est pas de transpirer comme les plantes qui a du prix, ni de respirer comme les bestiaux et les fauves, ni de recevoir des impressions par l'imagination, par les instincts, ni de paître avec le troupeau, ni de se nourrir, opération analogue à celle par laquelle on expulse le déchet des aliments. Qu'est-ce donc qui a du prix ? Soulever des claquements de mains ? Non, certes ! Ce n'est donc pas non plus de soulever des claquements de langues, car les louanges de la foule ne sont que claquements de langues. Tu as donc renoncé aussi à la gloriole. Que reste-t-il qui soit digne d'estime ? À mon sens, c'est de se mettre en mouvement et de s'arrêter selon sa propre constitution.

Marc Aurèle, *Pensées*, VI, 16.

DANS L'INTIMITÉ
DE LA FAMILLE IMPÉRIALE

Si quelqu'un fut jamais capable par son naturel de réunir ses amis et sa cour par un amour mutuel, tu mèneras assurément cette tâche à bien avec la plus grande aisance, toi qui es prédisposé à toutes les vertus avant d'en être instruit. Car avant que l'âge adéquat ne fut venu de t'instruire, déjà tu étais accompli et achevé dans toutes tes vertus, la plus admirable étant ta capacité à rassembler dans l'harmonie tous tes amis. Cela est pourtant beaucoup plus difficile que d'apaiser les bêtes sauvages et les lions au son de la cithare. Et tu obtiendras ce résultat facilement si tu veilles à extirper et à arracher jusqu'à la racine ce seul vice : que tes amis ne soient pas envieux ni jaloux les uns des autres, que personne ne croie que les faveurs accordées et les présents offerts à un autre sont perdus pour lui et lui sont enlevés. La jalousie est pour l'homme un mal néfaste et le plus meurtrier des fléaux, aussi nocive pour le jaloux que pour les autres. Mais si tu la repousses loin de ton entourage, tu jouiras d'amitiés harmonieuses et généreuses, comme tu en jouis maintenant. Si elle s'infiltre par quelque endroit, une grande peine et un grand labeur seront nécessaires pour l'anéantir.

Fronton, *À Marc Aurèle*, IV, 1, 2-3.

L'empereur Marc Aurèle eut plusieurs filles[1], mais seulement deux fils. L'un d'entre eux – il s'appelait Vérissimus – mourut très jeune[2]. Quant à celui qui survécut, Commode[3], son père le fit élever avec la plus grande sollicitude, en mandant de toutes les provinces les lettrés les plus fameux, auxquels il promettait des appointements non négligeables afin qu'ils surveillent continuellement l'éducation de son fils. Pour ce qui concerne les filles, il les donna, lorsqu'elles furent nubiles, aux personnages distingués du Sénat : il voulait pour gendres non pas des aristocrates issus d'une longue suite d'aïeux, ni des citoyens dont l'éclat vînt des richesses qui les couvraient, mais des hommes qui se recommandent par l'harmonie de leur caractère et la tempérance de leur vie, car ces qualités, exclusivement et inaltérablement spirituelles, constituaient à ses yeux les véritables possessions.

Hérodien, *Histoire des empereurs romains,* I, 2, 1-2.

J'ai vu tes petits, et c'est vraiment ce que j'ai vu dans ma vie de plus réjouissant ; ils te ressemblent tant par leurs traits que rien n'est plus semblable que cette ressemblance. J'ai fait le voyage jusqu'à Lorium par un vrai chemin de traverse, un chemin

---

1. Annia Galeria Aurélia Faustina, née en 147, Annia Aurélia Galeria Lucilla, née en 149 et Arria Fadilla, en 150 (environ).

2. Né en 162 (ou 163), mort en 169.

3. Né le 31 août 161, il est le dernier empereur de la lignée des Antonins.

de traverse glissant, plein de pentes abruptes. Mais je t'ai vu, amplement, que je me tourne à droite ou à gauche. Ils ont, avec l'aide des dieux, un teint assez sain, une voix solide. L'un tenait un pain tout blanc, comme un vrai fils de roi, l'autre un pain noir, vraiment comme le rejeton d'un père philosophe. Je remercie les dieux de la vigueur de ce semeur, la vigueur de cette graine, la vigueur de ce champ qui engendra des êtres si semblables. J'ai aussi écouté leurs petites voix, si douces et si gracieuses que, je ne sais comment, j'ai reconnu dans leurs babillages le son plaisant et limpide de ta voix. Désormais donc, si tu ne prends garde, tu réaliseras que je suis sensiblement plus orgueilleux qu'avant : j'ai en effet des êtres à aimer à ta place, non seulement avec les yeux, mais aussi avec les oreilles.

Fronton, *À Antonin empereur*, I, 3.

De la vie intime de l'empereur, peu de sources subsistent. Dans ses Pensées *toutefois, Marc Aurèle témoigne de son affection sincère et fidèle envers ses enfants et son épouse. Et si Fronton, en ne manquant jamais dans ses lettres à l'empereur de présenter ses hommages à Faustine, semble partager à son égard le respect et la bienveillance de Marc Aurèle, il n'en est pas de même de tous, si l'on en croit par exemple cette description peu flatteuse que nous livre Aurélius Victor. Faustine a-t-elle été calomniée, ou l'empereur a-t-il sciemment fermé les yeux sur les frasques de son épouse ?*

Toutes ses actions, toutes ses décisions, dans la paix comme dans la guerre, furent dignes d'un dieu ; mais tout cela fut terni par son incapacité à régler la conduite de sa femme, qui était venue à ce point d'effronterie que, résidant en Campanie, elle s'installait dans les endroits les plus agréables de la côte pour y choisir parmi les matelots, qui la plupart du temps travaillent nus, les amants les plus aptes à satisfaire ses honteuses passions.

Aurélius Victor, *Livre des Césars,* XVI, 2.

L'empereur, par ailleurs doté d'une santé précaire et d'une faible constitution physique, les supporte comme les autres épreuves de son existence avec l'aide de la philosophie stoïcienne.

Tu n'es qu'une âme chétive soulevant un cadavre, comme disait Épictète.

Marc Aurèle, *Pensées,* IV, 41.

Si tu nous aimes en quelque manière, dors durant toutes ces nuits pour venir au Sénat le teint fortifié et donner tes lectures d'un souffle vigoureux.

Fronton, *À Marc Aurèle,* V, 1.

Cependant il était si faible de tempérament que, dans les premiers temps, il ne pouvait supporter le froid, et qu'avant de parler aux soldats déjà rassemblés à son appel, il se retirait un instant et prenait, toujours de nuit, un peu de nourriture. Jamais, le jour, il ne mangeait que le remède appelé thériaque[4]. Il prenait ce remède moins par crainte que par faiblesse d'estomac et de poitrine ; ce moyen lui permettait, dit-on, de résister à ses autres infirmités ainsi qu'à cette faiblesse.

Dion Cassius, *Histoire romaine*, 71, VI, 2.

Les problèmes de santé semblent toucher plusieurs autres membres de la famille, et l'on sait qu'un de ses fils jumeaux est mort très jeune. Lorsque sa fille Faustina est à son tour inquiétée, l'empereur se confie à son cher Fronton, qui lui fait cette étonnante réponse...

Combien, grands dieux, j'ai été bouleversé en lisant le début de ta lettre ! Elle était ainsi écrite que j'ai cru y voir annoncé quelque danger pour ta santé. Ce danger que j'avais, au début de ta lettre, perçu comme étant le tien, j'ai découvert qu'il concernait ta fille Faustina : combien la crainte s'est transformée en moi ! Et non seulement transformée, mais encore, je ne sais de quelle manière, quelque peu soulagée ; tu pourrais dire : « Le danger encouru par ma fille t'apparaît-il plus léger que le mien ? » Je sais certes ce qui m'est venu à l'esprit en lisant ta lettre, mais je ne sais pour quelle raison cela est arrivé ; je sais pourquoi j'ai été plus bouleversé par un danger te menaçant toi plutôt que ta fille, à moins peut-être, quoiqu'égaux, ne paraissent

---

4. Antidote et remède gastrique, aux vertus apaisantes.

cependant plus graves les dangers qui parviennent en premier aux oreilles.

Fronton, À *Marc Aurèle*, IV, 12, 1.

Conscient que son ami ne se ménage pas et reste sourd aux injonctions à prendre du repos et du bon temps, Fronton tente de lui rappeler quelques plaisirs de la vie…

Eh bien ! J'ignore moi que tu es allé à Alsium pour complaire ton âme et là, pendant quatre jours entiers, t'adonner au jeu, au badinage, au libre repos ? Et je ne doute pas que tu t'es ainsi disposé à jouir de tes congés dans ta retraite maritime : dans le soleil du midi, tu obéirais au sommeil en t'allongeant, tu appellerais ensuite un esclave, lui ordonnerais d'apporter des livres, bientôt, dès que le désir de lire t'aurait saisi, soit tu te perfectionnerais avec Plaute, soit te rassasierais d'Accius, soit te calmerais avec Lucrèce. Si cela te semblait bon, tu t'embarquerais sur quelque navire pour prendre plaisir à voir et à entendre, sous un ciel paisible, sur la haute mer, les bâtons rythmant la cadence et les rameurs ; ensuite, tu gagnerais de là les bains, ferais des exercices pour transpirer abondamment, puis t'occuperais d'un banquet royal avec des coquillages de tous genres, avec des volailles engraissées de vieil élevage, mets délicats, fruits, desserts, gâteaux, vins réjouissants, coupes diaphanes et sans défauts.

Fronton, *Sur les vacances à Alsium*, III, 1.

On se cherche des retraites à la campagne, au bord de la mer, à la montagne ; et toi aussi, tu as coutume de désirer ces choses au plus haut point. Mais tout cela marque une grande simplicité d'esprit, car on peut, à toute heure de son choix, se retirer en soi-même. Nulle part on ne trouve de retraite plus paisible, plus exempte de tracas, que dans son âme, surtout quand elle renferme de ces biens sur lesquels il suffit de se pencher pour recouvrer aussitôt toute liberté d'esprit ; et par liberté d'esprit, je ne veux dire autre chose que l'état d'une âme bien ordonnée. Accorde-toi donc constamment cette retraite et renouvelle-toi. Mais qu'il s'y trouve de ces maximes concises et essentielles, qui, rencontrées d'abord, excluront tout ennui et te renverront guéri de ton irritation au milieu où tu retournes. Et qu'est-ce donc qui t'irrite ? La méchanceté des hommes ? Reporte-toi à ce jugement, que les êtres raisonnables sont faits les uns pour les autres ; et à ceux-ci : que la patience est une partie de la justice, que leurs fautes sont involontaires ; compte tous ceux qui, jusqu'ici, après s'être brouillés à mort, soupçonnés, haïs, transpercés de leurs lances, sont étendus dans la tombe et réduits en cendres ; – et calme-toi enfin !

Marc Aurèle, *Pensées*, IV, 3.

LA TRAHISON
DU GÉNÉRAL CASSIUS

Marc Aurèle, bien que conciliant les qualités d'un grand chef et celles d'un grand homme, ne pourra cependant pas se prémunir contre les dangers inhérents à la condition de tout être haut placé, telles la jalousie ou la conspiration. Il lui faudra emprunter les couloirs sombres où périrent nombre de ses prédécesseurs... Le traître ici s'incarne sous les traits ambivalents d'un de ses généraux, Avidius Cassius, efficace et redoutable. En 175, celui-ci lui joue un bien mauvais tour...

Pour ce qui est de Cassius, il était natif de Cyros en Syrie ; c'était un homme d'un grand mérite et ayant les qualités qu'on aurait pu désirer chez un empereur, s'il n'eût pas été fils d'un certain Héliodoros, qui avait dû à son habileté dans la science rhétorique de parvenir à la préfecture d'Egypte.

Dion Cassius, *Histoire romaine*, 71, 22, 2.

Cassius avait parfois l'air dur et cruel, et parfois doux et bon ; il affectait tantôt de la piété, tantôt du mépris pour la religion ; il aimait le vin avec passion, et il savait s'en abstenir ; il recherchait la bonne chère, et il pouvait supporter la faim ; il aimait les femmes, et il savait aussi être chaste. Quelques personnes le nommèrent Catilina[1], et il aimait à s'entendre appeler ainsi, disant qu'il le serait en effet, s'il parvenait à tuer le dialoguiste - nom qu'il donnait à Marc Aurèle. Avidius Cassius fut, en outre, un rigide observateur de la discipline militaire : il voulait passer pour un second Marius[2].

Néanmoins Cassius demeura toujours suspect à ses chefs. Le passage suivant d'une lettre de Lucius Vérus prouve qu'il forma aussi contre lui de funestes desseins :

« Avidius Cassius est, à ce qu'il me semble, avide de l'empire ; et il s'est déjà fait remarquer sous mon aïeul, qui fut votre père. Je vous conseille de faire surveiller ses démarches. Tout ce que nous faisons lui déplaît. Il se ménage de grandes ressources ; il tourne en dérision notre goût pour les lettres, et il nous appelle, vous une vieille philosophe, moi un écolier débauché. Voyez quelle mesure vous devez prendre. Je ne hais point Avidius, mais je doute qu'il convienne à votre sûreté, à celle de vos enfants, de laisser à la tête des armées un homme tel que lui, capable de se faire écouter des soldats, capable de s'en faire aimer. »

Histoire auguste (Vulcatius Gallicanus),
Vie d'Avidius Cassius, III, 2, I, 3.

---

1. Démagogue extrémiste, il tenta une conjuration, rendue célèbre par Cicéron, contre la République romaine, en 65 av. J.-C.
2. Général romain aux talents militaires reconnus. Sa lutte pour le pouvoir contre Sylla déclenchera la première véritable guerre civile à Rome, entre 88 et 86 av. J.-C.

Marc Aurèle répondit : « J'ai lu votre lettre, où vous manifestez des craintes qui ne sauraient convenir à un empereur, à un gouvernement tel que le nôtre. Si les dieux lui destinent l'empire, nous ne pourrions nous en défaire, quand même nous le voudrions ; car vous savez le mot de votre bisaïeul : « Nul prince n'a tué son successeur. » Si, au contraire, il ne doit pas régner, il trouvera sa perte dans ses entreprises mêmes, sans que nous recourions à des mesures cruelles. Ajoutez à ces raisons que nous ne pouvons pas faire un criminel d'un homme que personne n'accuse, et qui, ainsi que vous le dites vous-même, est aimé des soldats. Enfin, telle est la nature des crimes d'état, que ceux même qui en sont convaincus passent toujours pour opprimés. Je vous rappellerais aussi ce que disait votre aïeul Hadrien : « Quelle misérable condition que celle des princes ! On ne les croit sur les complots de leurs ennemis que quand ils en ont péri victimes. » Domitien l'avait dit avant lui : mais j'ai mieux aimé vous citer Hadrien, parce que les meilleures maximes perdent leur autorité dans la bouche des tyrans. Laissons donc sa conduite pour ce qu'elle est, puisque d'ailleurs nous avons en lui un général excellent, ferme, courageux, nécessaire à la république. Pour ce que vous me dites, de pourvoir par sa mort à la sûreté de mes enfants, qu'ils périssent donc, si Avidius mérite plus qu'eux d'être aimé, si le bien de l'État exige que Cassius vive plutôt que les enfants de Marc Aurèle. »

Histoire auguste (Vulcatius Gallicanus), Vie d'Avidius Cassius, II.

Le général, par sa fermeté et sa sévérité, est en effet, et paradoxalement, très utile à l'empereur pour asseoir son autorité sur les troupes et les régions éloignées, comme en Syrie, province qu'il gouverne. Avidius Cassius, il est vrai, ne recule devant aucune affirmation de son pouvoir…

Disons, puisque nous avons commencé à parler de sa sévérité, qu'elle tenait plus de la cruauté que de la rigueur.

Il fut le premier qui fit mettre en croix les soldats sur les lieux même où ils avaient commis quelque violence envers les habitants des provinces.

Il inventa aussi un genre de supplice qui consistait à attacher, depuis le haut jusqu'en bas, à un pieu fiché en terre ceux qu'il avait condamnés ; on allumait ensuite un grand feu à la base de ce pieu, et ces malheureux périssaient les uns par les flammes, les autres par la fumée, et le reste d'épouvante.

Quelquefois il faisait jeter dans un fleuve ou dans la mer dix condamnés, que l'on avait enchaînés ensemble. Il faisait couper aux déserteurs les mains, les cuisses ou les jarrets, disant que l'existence misérable d'un criminel était d'un plus utile exemple que sa mort.

Pendant une des marches de l'armée, un corps d'auxiliaires, entraîné par les centurions, courut se jeter, sans sa permission, sur trois mille Sarmates qui occupaient négligemment les bords du Danube, et les mit en pièces. Les centurions, revenant ensuite avec un grand butin, s'attendaient à une récompense pour avoir détruit tant d'ennemis avec une poignée d'hommes. Cassius ordonna que ces centurions fussent mis en croix et livrés au supplice des esclaves, ce qui était sans exemple ; il disait que les ennemis auraient pu avoir tendu un piège, où eût péri la majesté du peuple romain.

Une violente sédition ayant éclaté dans l'armée, il sortit de sa tente sans armes et en simple tunique : « Frappez-moi, dit-il, si vous l'osez, et ajoutez ce crime au renversement de la discipline. » Tout rentra dans l'ordre à ces mots, et il mérita d'être craint parce qu'il ne craignit rien. Sa sévérité raffermit la discipline romaine ; et cet exemple d'un général punissant ses soldats pour avoir vaincu sans ses ordres inspira tant de terreur aux barbares, qu'ils sollicitèrent de Marc Aurèle, absent, la conclusion d'une paix centenaire.

Histoire auguste (Vulcatius Gallicanus),
Vie d'Avidius Cassius, IV.

Loin d'y percevoir une menace pour lui-même, l'empereur soutient et encourage les agissements de Cassius.

Il existe à ce sujet une lettre de Marc Aurèle à son préfet ; la voici :

« J'ai confié à Avidius Cassius les légions de Syrie, qui vivent plongées dans la mollesse et dans les délices de Daphné[3], et qui font, un continuel usage des

---

3. Daphné, lieu de plaisance situé à quelques kilomètres d'Antioche, est la destination de loisir préférée des Romains. On dit qu'ils s'y livraient à toutes sortes de plaisirs raffinés comme à la débauche la plus complète.

bains chauds. Je ne crois pas avoir fait un mauvais choix ; vous connaissez aussi Cassius, qui a toute la sévérité de ceux dont il porte le nom, et qui rétablira l'ancienne discipline, sans laquelle on ne saurait gouverner les soldats. Vous savez ce vers, si souvent cité, d'un grand poète : « C'est par les mœurs antiques et par les hommes qui les conservent que se maintient la république romaine. » Pour vous, ayez seulement soin de fournir aux légions des provisions abondantes : Avidius, si je le connais bien, en saura faire un bon emploi. »

Le préfet répondit à l'empereur :

« Vous avez sagement fait, mon prince, en donnant à Cassius le commandement des légions de Syrie. Rien n'est plus nécessaire qu'un chef sévère pour des soldats grecs. Il interdira certainement les bains chauds, et ces fleurs dont les soldats se chargent le cou, la tête et la poitrine. Tout l'approvisionnement de l'armée est prêt ; on ne manque de rien sous un bon général, car les demandes et les besoins sont moindres. »

Histoire auguste (Vulcatius Gallicanus),
Vie d'Avidius Cassius, V.

Malgré ces marques de confiance, Avidius Cassius est impatient de voir son propre règne arriver. Lui-même ne voue pas à Marc Aurèle une amitié indéfectible, loin s'en faut, si l'on en juge par cette critique virulente à l'encontre de l'empereur.

« Que la république est malheureuse d'être la
proie de ces riches, et de tous ceux qui veulent le
devenir ! Marc Aurèle est sans doute homme de bien ;
mais, pour faire louer sa clémence, il laisse vivre
des hommes dont il condamne la conduite. Où est
l'ancien Cassius[4], dont je porte inutilement le nom ?
Où est Caton le Censeur[5] ? Où sont les vertus de
nos ancêtres ? Il y a longtemps qu'elles ont disparu,
et l'on ne songe même pas à les faire revivre. Marc
Aurèle fait le métier de philosophe ; il disserte sur
la clémence, sur la nature de l'âme, sur le juste et
l'injuste, et ne ressent rien pour la patrie. Vous voyez
qu'il faudrait bien des glaives, bien des édits, pour
rendre à l'état son ancienne forme. Malheur à tous ces
gouverneurs de provinces ! Puis-je, en effet, regarder
comme des proconsuls, comme des magistrats du
peuple romain, ceux qui croient que le Sénat, et Marc
Aurèle leur ont donné des provinces pour y vivre dans
la débauche et pour s'y enrichir ? Vous connaissez le
préfet du prétoire de notre philosophe : trois jours
avant d'être appelé à ces fonctions, il n'avait pas de
pain, et tout d'un coup le voilà riche. Comment, si
ce n'est en dévorant les entrailles de la république
et des provinces ? Ils ont amassé des richesses ; elles
rempliront le trésor épuisé. Puissent seulement les

4. Son père fut un haut fonctionnaire sous Hadrien.
5. Egalement appelé Caton l'Ancien, il occupa de hautes fonctions
jusqu'à sa mort en 149 av. J.-C. Célèbre pour la formule « Il faut
détruire Carthage » il était réputé pour sa sévérité et son attachement
à redresser les mœurs.

dieux favoriser la bonne cause, et ramener pour la république le temps des Cassius ! »

Cassius, selon ce que rapportent certains, se fit nommer empereur tandis qu'il se trouvait en Orient, du consentement de Faustine, que commençait à inquiéter la santé de Marc Aurèle, et qui craignait de ne pouvoir protéger seule ses fils, encore enfants, si quelqu'un voulait saisir le pouvoir royal et les faire périr. D'autres rapportent qu'afin de tromper l'attachement des soldats et des provinces pour Marc Aurèle, et de les amener à consentir à son élévation, Cassius imagina de déclarer que ce prince était mort ; et il le mit, dit-on, au rang des dieux, pour adoucir le regret de sa perte. Lorsqu'il parut en public avec le titre d'empereur, il nomma aussitôt préfet du prétoire celui qui l'avait revêtu de l'insigne impérial.

Histoire auguste (Vulcatius Gallicanus),
Vie d'Avidius Cassius, XIII, 2, VII.

Marc Aurèle ne montra pas un grand courroux à la nouvelle de cette révolte, et il ne sévit ni contre les enfants de Cassius, ni contre ses parents. Le Sénat le déclara ennemi, et confisqua ses biens, dont Marc Aurèle ne voulut point augmenter son trésor particulier ; refus qui détermina cette assemblée à les adjuger au trésor public. L'alarme fut grande à Rome, le bruit ayant couru que Cassius y viendrait en l'absence de Marc Aurèle, qui n'était haï que des débauchés, et qu'il livrerait la ville entière au pillage, surtout à cause des sénateurs, lesquels avaient prononcé contre lui une sentence de mort et la confiscation de ses biens.

Histoire auguste (Vulcatius Gallicanus),
Vie d'Avidius Cassius, VII.

Tout ce qui arrive, arrive justement. Tu le découvriras, si tu observes avec exactitude. Je ne dis pas seulement : selon le rapport de conséquence, mais encore : suivant la justice, et comme si quelqu'un attribuait les lots eu égard au mérite. Continue donc d'observer, comme tu as commencé, et, quoi que tu fasses, fais-le avec cette attention, à savoir : d'être un homme de bien, suivant l'idée spécifique qu'on se fait de l'homme de bien. Sauvegarde cette règle en tout ce que tu entreprends.

Marc Aurèle, *Pensées,* IV, 10.

À ses troupes Marc Aurèle cacha un instant ce qui se passait ; mais, les soldats étant fortement troublés par les bruits qui se répandaient et en faisant le sujet de nombreux entretiens, il les convoqua et leur lut ce qui suit :

« Compagnons d'armes, c'est pour faire éclater moins mon indignation que ma douleur que je suis venu ici. Que sert, en effet, de s'irriter contre les dieux, puisqu'ils disposent de tout avec un pouvoir absolu ? Cependant il peut y avoir nécessité de se plaindre, quand on est malheureux sans l'avoir mérité, comme

cela m'arrive en ce moment. N'est-ce pas une chose
horrible, en effet, que des guerres s'élèvent sans cesse
à la suite d'autres guerres ? N'est-ce pas une chose
étrange que nous soyons engagés dans une guerre
civile ? N'est-ce pas même une chose qui surpasse
en horreur et en étrangeté ces deux malheurs, que
de ne rencontrer aucune fidélité parmi les hommes,
d'être trahi par mon ami le plus cher, et d'être, malgré
moi, en lutte avec un homme à qui je n'ai fait ni tort
ni offense ? Quelle vertu, quelle amitié désormais
croira-t-on assurée, lorsque, moi, j'éprouve un tel
sort ? La fidélité n'est-elle pas morte, ainsi que la
bonne espérance ? Si encore ce danger ne menaçait
que moi seul, je ne m'en serais nullement inquiété
(je ne suis pas immortel) ; mais, puisqu'il s'agit d'une
défection publique ou plutôt d'une rébellion, d'une
guerre qui nous atteint tous pareillement, je voudrais,
si la chose était possible, appeler Cassius à discuter
avec moi de ses prétentions devant vous ou devant
le Sénat ; j'aurais plaisir à lui céder le pouvoir sans
combat, si la chose semblait utile à l'intérêt général.
C'est, en effet, pour l'intérêt général que je persiste
à braver la fatigue et le danger, que je demeure ici,
éloigné si longtemps de l'Italie, à cet âge et avec une
telle santé, ne pouvant prendre de nourriture sans
en éprouver de la souffrance, ni goûter le sommeil
sans être tourmenté par les soucis. Mais, comme
Cassius ne voudrait pas entrer avec moi dans cet
examen (comment aurait-il foi en ma promesse après
m'avoir manqué de foi à ce point ?), il vous faut,

compagnons d'armes, être pleins de confiance. Les Ciliciens, les Syriens, les Juifs, les Égyptiens, n'ont jamais eu et n'auront jamais l'avantage sur vous, lors même qu'ils formeraient des rassemblements dix mille fois aussi forts qu'ils vous sont aujourd'hui inférieurs en nombre. Cassius lui-même, bien qu'il passe pour un excellent général et pour avoir remporté beaucoup de succès, ne doit aujourd'hui être compté pour rien ; l'aigle menant des geais au combat, le lion menant des biches, ne sont pas à redouter ; ce n'est pas Cassius qui a terminé la guerre contre les Arabes, ni la guerre contre les Parthes : c'est vous. D'ailleurs, si ses exploits contre les Parthes lui ont valu quelque gloire, vous avez de votre côté Vérus, qui ne lui cède en rien, et qui a remporté plus de victoires et conquis plus de pays. Peut-être même Cassius s'est-il déjà repenti, depuis qu'il sait que je suis vivant ; car, à coup sûr, s'il n'avait pas été persuadé de ma mort, il n'aurait pas agi ainsi. S'il persiste encore dans sa résolution, du moins, lorsqu'il apprendra que nous marchons contre lui, il hésitera infailliblement, tant par crainte de vous que par respect pour moi. Quant à moi, compagnons d'armes, je ne redoute qu'une seule chose (la vérité tout entière vous sera dite), c'est qu'il ne se donne lui-même la mort pour s'épargner la confusion de paraître devant nous, ou que quelque autre le fasse en apprenant que je vais arriver et que je marche contre lui. Ce serait me ravir un grand avantage que j'attends et de la guerre et de la victoire, un avantage tel que jamais aucun homme n'en remporta. Quel est donc cet avantage ? Celui de pardonner une injure, de rester ami malgré la violation de l'amitié, de rester fidèle malgré un manque à la fidélité. Ces paroles vous paraissent peut-être extraordinaires, cependant vous ne devez pas refuser d'y croire ; tous les bons sentiments ne sont pas morts parmi les hommes, il subsiste encore parmi nous aussi quelques restes de l'antique vertu. Si l'on refuse de me croire, mon désir n'en est que plus vif de faire que, ce dont personne ne croit l'accomplissement possible, on le voie accompli. Les malheurs présents m'auraient du moins donné un profit, celui de pouvoir arranger honorablement l'affaire et de montrer à tous qu'il y a moyen de tirer quelque bien même de la guerre civile ».

Voilà ce que Marc Aurèle dit aux soldats et ce qu'il écrivit au Sénat, sans jamais user en aucune circonstance d'expressions blessantes pour Cassius, si ce n'est qu'il lui reprochait sans cesse son ingratitude.

Dion Cassius, *Histoire romaine*, 71, XXIV-XXVI.

Malgré ses injonctions à la pondération et au dialogue, en juillet 175 Marc Aurèle apprend que Cassius a été mis à mort.

Tandis que Marc Aurèle se préparait pour la guerre civile, il reçut au même moment, et la nouvelle de plusieurs autres victoires remportées sur les barbares, et celle de la mort de Cassius. Le centurion Antonius fondant à l'improviste sur Cassius qui marchait à pied, lui fit au cou une blessure qui n'était pas tout à fait mortelle. Mais, emporté par l'élan de son cheval, il laissa son coup imparfait, en sorte que Cassius faillit échapper ; ce fut, dans cette conjoncture, un décurion qui acheva l'œuvre commencée ; puis, ayant coupé la tête de leur victime, ils partirent tous les deux pour trouver l'empereur. Ainsi périt Cassius, après avoir rêvé l'empire trois mois six jours ; son fils, qui était dans une autre contrée, fut aussi mis à mort.

Marc Aurèle, dans sa tournée chez les peuples qui s'étaient soulevés en faveur de Cassius, usa envers tous d'une grande clémence, et ne fit mourir personne, ni petit ni grand. Marc Aurèle fut tellement affligé du trépas de Cassius, qu'il refusa de voir sa tête, qui avait été coupée, et qu'avant même que les meurtriers fussent arrivés près de lui, il donna l'ordre de l'ensevelir. De même il ne fit ni périr, ni jeter dans les fers, ni mettre en une garde quelconque, aucun des sénateurs qui avaient embrassé le parti de Cassius ; il ne les traduisit pas même devant son tribunal ; il se contenta de les renvoyer devant le Sénat, comme s'ils étaient accusés d'un autre délit, après leur avoir assigné un jour à comparaître. Il ne punit qu'un petit nombre des autres citoyens, ceux qui étaient coupables d'avoir non seulement prêté leur concours à Cassius, mais aussi d'avoir commis des crimes personnels.

Dion Cassius, *Histoire romaine*, 71, XXVII, XXVIII.

Marc Aurèle expose alors la situation à sa femme Faustine, un temps soupçonnée de complicité avec Avidius Cassius.

« Vérus m'avait écrit la vérité, en me disant que Cassius aspirait au trône. Vous savez déjà, sans doute, les nouvelles qu'en ont apportées les gardes de Martius Vérus. Venez donc à Albanum, afin que nous délibérions, avec l'aide des dieux et sans crainte, sur le parti qu'il faut prendre. » Il paraît par là que Faustine ignorait ce qui se passait, tandis que Marius Maximus, qui ne cherche qu'à la diffamer, la suppose complice du crime de Cassius. Nous avons même une lettre de l'impératrice à son mari, dans laquelle elle l'exhorte à punir Cassius d'une façon éclatante. Voici ses termes : « J'arriverai demain, comme vous me l'ordonnez, à Albanum. Permettez, en attendant, que je vous conjure, si vous aimez vos enfants, de poursuivre rigoureusement ces révoltés. Le mauvais exemple peut gagner les chefs et les soldats, qui, s'ils ne sont réprimés, deviennent bientôt oppresseurs. »

On lit, dans une autre lettre de Faustine à Marc Aurèle : « Ma mère Faustine a exhorté aussi votre père Antonin le Pieux, après la révolte de Celsus, à considérer ce qu'il devait à sa famille et à l'état. Car ce n'est pas être un bon prince que de ne songer ni à son épouse ni à ses enfants. Considérez l'extrême jeunesse de notre fils Commode. Pompéien, notre gendre, est vieux, et presque étranger à Rome. Voyez donc ce que vous devez décider à l'égard de Cassius et de ses complices. Gardez-vous de pardonner à des hommes qui ne vous ont pas ménagé, et qui ne feraient grâce ni à moi ni à nos enfants, s'ils étaient vainqueurs. Je vous suivrai bientôt. L'indisposition de notre Fadilla m'a empêchée de me rendre à Formium. Si je ne vous y trouve plus, j'irai jusqu'à Capoue : cette ville conviendra peut-être à la santé de nos enfants et à la mienne. Je vous prie d'envoyer à Formium le médecin Sotéride, car je n'ai point de confiance en Pisithée, qui n'apporte aucun soulagement à ma fille. Calphurnius m'a remis vos lettres bien cachetées ; j'y répondrai, si je tarde à vous rejoindre, par le vieil eunuque Cécilius : c'est, vous le savez, un homme sûr. Je lui répéterai de vive voix les propos que la femme de Cassius, ses fils et son gendre, tiennent, dit-on, sur votre compte. »

On voit par cette lettre que Faustine n'était pas complice de Cassius, puisqu'elle insistait pour qu'il fût sévèrement puni, et qu'elle présentait à Marc Aurèle, qui penchait vers la clémence, la nécessité d'une vengeance terrible. Voici ce que lui répondit l'empereur : « Vous prenez vivement à cœur, ma chère Faustine, les intérêts de votre époux et de nos enfants. J'ai relu à Formium la lettre dans laquelle vous m'exhortez à punir les complices de Cassius. Mais je suis décidé à faire grâce à ses enfants, à son gendre, et à sa femme ; j'écrirai même au Sénat de ne prononcer ni une confiscation trop forte, ni une peine trop sévère.

Rien ne fait plus d'honneur que la clémence à un empereur romain. »

Histoire auguste (Vulcatius Gallicanus),
Vie d'Avidius Cassius, IX, 2, X, XI.

Déjà affaibli et éprouvé par la trahison de Cassius et par sa fin brutale, Marc Aurèle doit faire face durant l'hiver 175-176 au décès soudain de sa femme Faustine, 45 ans, alors qu'elle est en déplacement avec lui, et que les rumeurs vont bon train sur sa participation à la conspiration contre son mari. Lui-même ne veut rien savoir et prône plus que jamais la clémence et la confiance.

Vers le même temps aussi mourut Faustine, soit de la goutte dont elle souffrait, soit par une autre cause, afin de ne pas être convaincue de connivence avec Cassius. Cependant Marc Aurèle anéantit, sans les lire, les lettres trouvées dans la cassette de sa femme, de peur de connaître même le nom des conspirateurs qui avaient écrit quelque chose contre lui ; et, par suite, d'être, malgré lui, dans la nécessité de haïr quelqu'un. On dit aussi que Vérus, envoyé le premier en Syrie, province dont il avait reçu le gouvernement, ayant trouvé les lettres contenues dans la cassette de Cassius, les fit disparaître en disant que c'était ce qu'il y aurait de plus agréable à l'empereur ; et que, si le prince s'en irritait, mieux valait le sacrifice d'un seul que celui d'un plus grand nombre.

La mort de Faustine lui ayant causé un sensible chagrin, il écrivit au Sénat de ne punir de mort aucun des complices de Cassius, comme si c'était là l'unique consolation qu'on pût lui donner de sa perte.

Dion Cassius, *Histoire romaine*, 71, XXIX, XXX.

Au Sénat, il tient un discours réaffirmant ses positions et son intention de pardonner aux proches de Cassius, et de prouver sa mansuétude en n'inquiétant pas leurs familles.

« En échange de vos félicitations sur la dernière victoire, je vous donne, pères conscrits, mon gendre Pompéien pour consul. Son âge lui aurait valu depuis longtemps cette dignité, si la république n'avait pas dû récompenser quelques citoyens des services qu'ils lui avaient rendus. Quant à la révolte de Cassius, je vous prie et vous conjure de mettre des bornes à votre rigueur, de signaler ma clémence ou plutôt la vôtre, de ne prononcer enfin aucune condamnation à mort. Qu'aucun sénateur ne soit puni ; que le sang d'aucun homme de distinction ne soit versé ; que les déportés reviennent ; que ceux dont les biens ont été confisqués les recouvrent. Plût aux dieux que je pusse aussi en rappeler quelques-uns du tombeau ! Rien ne convient moins à un empereur que de venger ses injures personnelles : sa vengeance, fût-elle juste, est toujours taxée de rigueur. Vous accorderez donc le pardon aux fils d'Avidius Cassius, à son gendre et à sa femme. Et que dis-je, le pardon ? Ils ne sont point criminels. Qu'ils vivent en toute sécurité, sachant qu'ils vivent sous Marc Aurèle. »

Le Sénat répondit à ce bel exemple d'humanité par ces acclamations :

« Clément empereur, que les dieux vous conservent. Vous n'avez pas voulu ce qui était permis ; nous avons fait ce qui convenait. Nous souhaitons que Commode partage l'empire avec vous : affermissez votre famille ; assurez la tranquillité de vos enfants. Aucune force ne peut ébranler un empire légitime. Nous demandons pour Commode Antonin la puissance tribunitienne. Nous réclamons votre présence ; nous admirons votre philosophie, votre courage, vos lumières, votre générosité, votre vertu. Vous domptez les rebelles ; vous triomphez des ennemis ; les dieux vous protègent. »

Les descendants d'Avidius Cassius vécurent donc sans inquiétude, et furent même admis aux dignités de l'état. Mais Commode, après la mort de son père, les condamna tous à être brûlés vifs, comme s'ils eussent été pris dans la révolte.

Histoire auguste (Vulcatius Gallicanus),
Vie d'Avidius Cassius, XII, XIII.

Quand tu te heurtes à l'impudence de quelqu'un, demande-toi aussitôt : « Se peut-il qu'il n'y ait pas d'impudents en ce monde ? » Cela ne se peut. Ne réclame donc pas l'impossible. Tu as là devant toi l'un de ces impudents dont l'existence est nécessaire dans le monde. Recours au même raisonnement, si tu tombes sur un scélérat ou un homme déloyal ou atteint

de quelque autre vice. Non seulement tu te sou-
viendras qu'il est impossible que cette espèce
n'existe pas dans le monde, mais tu en devien-
dras encore plus indulgent envers chacun des
pécheurs pris à part.

Marc Aurèle, *Pensées*, IX, 42.

*Quelques dispositions sont tout de même prises après la
révolte, et la mémoire de Faustine, que l'empereur a toujours
refusé de salir en prêtant crédit aux accusations formulées
contre elle, est célébrée comme il se doit.*

Une loi fut alors portée pour défendre que
personne n'exerçât un commandement dans la province dont il était originaire, attendu que Cassius
s'était révolté pendant qu'il gouvernait la Syrie,
où était le lieu de sa naissance. Le Sénat décréta,
en l'honneur de Marc Aurèle et de Faustine, que
des statues d'argent leur seraient érigées dans le
temple de Vénus et à Rome, qu'on y élèverait un
autel et que, sur cet autel, toutes les jeunes filles
de la ville qui se marieraient offriraient un sacrifice
avec leurs fiancés ; qu'au théâtre, chaque fois que
le prince y assisterait au spectacle, on apporterait,
sur une chaise curule[6], une statue d'or de Faustine,
que cette statue serait posée à la place d'honneur
d'où la princesse, quand elle vivait, assistait au

6. Chaise du pouvoir (seuls les consuls, préteurs et empereurs
pouvaient s'y asseoir) ; elle est faite d'ivoire, et ses pieds incurvés
forment un X large, sans dossier ni accoudoir.

spectacle, et que les matrones[7] seraient assises à l'entour...

Dion Cassius, *Histoire romaine*, 71, 31.

---

7. Mères de famille respectables.

DANS LA CITADELLE DU SAGE

Marc Aurèle, face à ces épreuves répétées, se montre d'une constance et d'une sagesse imperturbables. Ce tempérament inflexible trouve racine dans l'enseignement stoïcien qui éclaire l'ensemble de son règne, et de sa vie.

Le stoïcisme a vu le jour en Grèce, en 301 avant J.-C., avec Zénon de Cittium. Elle tire son nom de stoa, *le portique, sous lequel Zénon avait l'habitude de s'asseoir, à Athènes, pour dispenser sa sagesse. Cléanthe puis Chrysippe dirigeront cette école, reconnue comme celle de l'ancien stoïcisme. Celui-ci se présente comme une construction systématique, composée de la logique, la physique et de l'éthique. Le moyen stoïcisme, période durant laquelle l'école est dirigée par des philosophes moins réputés que les trois premiers, déplace d'Athènes à Rome le centre intellectuel principal de cette doctrine. Avec Sénèque, et Épictète (grand modèle de l'empereur), puis enfin Marc Aurèle, on parlera de stoïcisme impérial : la doctrine se recentre presque exclusivement sur l'éthique, le philosophe devenant alors un directeur de morale, un ascète préoccupé par l'élévation vers le Bien, et le bonheur, celui-ci étant de « vivre conformément à la nature », humaine et cosmique.*

Le stoïcisme prône également un déterminisme absolu, selon lequel tout ce qui arrive est décidé par une Providence incontestable ; il est donc impossible au sage de se soustraire aux événements. Il doit au contraire consentir à ce qui lui arrive, en se tenant loin des passions. Pour lui le monde est une grande cité qui ne doit souffrir aucune frontière, la raison régissant chaque être et le rendant ainsi semblable à son prochain, dans le meilleur des cas. Philanthrope, il doit consacrer sa vie à la recherche de la vertu, et à l'enseignement de celle-ci aux ignorants.

Le rêve des sages est d'être enfin régi par l'un d'entre eux. Mais l'homme d'action n'est pas toujours sage, et le sage refuse de s'abaisser aux exigences de l'action. Comment agir en sage et penser en homme d'action, sans cynisme ni utopie ? C'est ce que tente de réaliser l'empereur, perçu comme un « véritable miracle historique »[1].

Pauvre homme, eh quoi donc ! Fais ce que réclame ta nature. Essaie, si cela t'est donné, et ne regarde pas à la ronde si on le saura. N'espère pas réaliser la république de Platon, mais tiens-toi pour satisfait, si tu progresses un tant soit peu ; et ce petit résultat, considère que ce n'est pas peu de choses.

Marc Aurèle, *Pensées*, IX, 29.

Marc Aurèle, prince et philosophe, est bien le philosophe-roi dont rêvait Platon dans sa République. *Mais s'il est, comme philosophe, sage et vertueux, il se doit aussi, comme politique, d'être fin rhéteur et plein d'éloquence.*

Il s'intéressait à toutes les vertus, et il était épris d'éloquence ancienne au point de ne le céder, en ce

---

1. Ernest Renan, *Marc Aurèle et la fin du monde antique*, Paris, Calmann-Lévy, 1925.

domaine, à personne, Grec ou Romain : à preuve toutes les paroles et tous les écrits qui nous sont restés de lui. À l'égard de ses sujets il se montra un empereur doux et modéré, accueillant ceux d'entre eux qui venaient le trouver et empêchant sa garde personnelle d'éconduire ceux qui sollicitaient une audience.

Hérodien, *Histoire des empereurs romains,* I, 2, 3-4.

Il avait lui-même une telle égalité d'âme, qu'on ne vit jamais la tristesse ou la joie changer les traits de son visage : c'était là le fruit de la philosophie stoïcienne, dont il avait puisé les principes dans l'entretien des meilleurs maîtres.

Histoire auguste (Julius Capitolinus),
Vie de Marc Aurèle, XVI, 3.

Ressembler au promontoire, sur lequel sans cesse se brisent les vagues : lui, reste debout et autour de lui vient mourir le bouillonnement du flot. « Malheureux que je suis, parce que telle chose m'est arrivée ! » – Mais non ! Au contraire : « Bienheureux que je suis, parce que, telle chose m'étant arrivée, je continue d'être exempt de chagrin, sans être brisé par le présent ni effrayé par l'avenir. »

Marc Aurèle, *Pensées,* IV, 49.

Si la première vertu du stoïcien est l'égalité d'âme, ce qui fonde la rhétorique est l'exigence toujours renouvelée

*d'employer le bon mot pour chaque chose. Son maître
Fronton se charge de lui rappeler parfois quelques principes élémentaires.*

Je me réjouis surtout de ce que tu ne t'empares
pas des termes qui se présentent sous ta plume,
mais que tu recherches les meilleurs. Là est en effet
la différence entre l'excellent orateur et les orateurs
ordinaires : tous les autres sont facilement contentés
par de bons mots, alors que l'excellent orateur ne se
contente pas des bons, s'il en est des meilleurs.

Fronton, *À Antonin empereur,* I, 2, 7.

J'ai observé que, lorsque tu me relisais tes écrits et
que je changeais une syllabe d'un mot, tu n'en tenais
pas compte et tu jugeais cela de peu d'importance.
Je ne veux donc pas que tu ignores combien est
importante la position d'une syllabe. Ainsi je dirai
qu'on lave le visage (*colluere*), tandis qu'on nettoie
le plancher des bains (*pelluere*), mais je dirai que
les joues sont baignées de larmes (*lauere*), non pas
nettoyées (*pelluere*) ou lavées (*colluere*) ; tandis que
les vêtements sont lessivés (*lauare*), non pas baignés
(*lauere*). De plus, le vin mêlé de miel sera délayé
(*diluere*), la gorge arrosée (*proluere*), le sabot d'une
bête de somme lavé en dessous (*subluere*). La figure
est ointe (*litam*) d'onguents, le corps est enduit (*obli-
tum*) de boue, la coupe est frottée (*delitum*) de miel,
l'épée est trempée (*praelitum*) de poison, la pique est
revêtue (*inlitum*) de glu.

Quelqu'un demandera peut-être : « Qui m'interdit donc de laver (*lauere*) les vêtements plutôt que de les lessiver (*lauare*) ? » Mais personne ne pourrait en cette matière t'opposer un véto ou de modérer de quelque loi, toi qui es de naissance libre, qui dépasses le cens équestre[2], dont on demande l'opinion au Sénat ; mais nous qui sommes esclaves des oreilles des plus savants, il nous faut rechercher avec le plus grand soin aussi ces subtiles et petites variantes.

Fronton, *À Marc Aurèle*, IV, 3, 4.

Mais au-delà de la justesse, le langage politique se doit aussi d'être charmant : ainsi le prince philosophe est également orateur, réfutant le mépris habituel du philosophe pour l'ornement verbal.

Telle est même la plus grande qualité de l'orateur et la plus difficile à atteindre : charmer les auditeurs sans que la droiture de l'éloquence en subisse un grand dommage ; ces attraits, préparés pour charmer les oreilles de la foule, ne doivent pas être fardés d'une abondante et grande indignité : mieux vaut une faute provoquée par la mollesse de composition et de structure qu'une impudeur dans l'expression. Je préfère aussi un vêtement adouci par le moelleux de ses laines que par sa couleur féminine, son tissu fin

---

2. Le *cens* était l'évaluation périodique de la fortune des citoyens, lesquelles étaient alors réparties par tranches, selon le niveau de leur fortune : cens sénatorial, cens équestre, etc.

ou sa soie ; et ce vêtement même, je le préfère de la
vraie couleur pourpre, et non pas rouge-feu ou safran.
Dès lors, pour vous, à qui il faut porter la pourpre
et l'écarlate, le discours doit parfois être drapé avec
la même recherche. Tu agiras ainsi, feras montre de
retenue et de modération, avec la mesure et l'équilibre les plus grands. Je le prédis en effet : tout ce
qui fut jamais fait de remarquable en éloquence, tu
le parleras : tu es doué de tant d'intelligence et tu
t'exerces avec tant d'application et de peine, alors
que les autres doivent leur remarquable gloire soit
à un travail sans talent, soit seulement au talent
dépourvu de travail.

Fronton, *À Marc Aurèle,* II, 2, 3.

Où s'en est allée ta finesse ? Où, ton discerne-
ment ? Réveille-toi et sois attentif à ce que Chrysippe
lui-même privilégiait. Se contente-t-il d'enseigner,
de montrer les choses, de définir, d'expliquer ? Il ne
s'en contente pas, mais l'enrichit autant qu'il peut,
il amplifie, prévient les attaques, répète, remet à
plus tard, revient en arrière, interroge, décrit, divise,
façonne des personnages, ajuste son discours à celui
de l'autre. Ne vois-tu pas qu'il manie presque toutes
les armes oratoires ? Il convient de combattre avec un
glaive, mais que tu combattes avec un glaive rouillé
ou éclatant, cela est important.

Fronton, *Sur l'éloquence*, II, 14.

Lève-toi, redresse-toi et secoue ton édifice robuste pour faire tomber ces bourreaux qui te plient comme un sapin et t'abaissent comme un saule, et vois si quelque part tu as manqué à la dignité. Mais, compagnon de la philosophie, si tu amoindris ceux-ci tu les méprises ; lorsque tu les méprises, tu les ignores.

Fronton, *Sur l'éloquence*, II, 17.

Ainsi Marc Aurèle incarne la jonction du philosophe et du politique, sans sacrifier la raison à l'éloquence, ni l'éloquence à la raison. Mais ce faisant, il incarne aussi la philosophie elle-même, au sens fort : elle n'est plus idée, elle devient exercice.

De tous les empereurs il fut le seul à comprendre que la philosophie ne consistait pas à tenir des discours ni à connaître les opinions d'autrui, mais à se comporter avec gravité et à vivre avec tempérance. Et si l'époque à laquelle il régna produisit une quantité impressionnante de sages, c'est parce que les sujets aiment, en quelque sorte, à imiter constamment dans leur vie l'idéal de leurs gouvernants.

Hérodien, *Histoire des empereurs romains*, I, 2, 4.

La cause universelle est un torrent, qui entraîne tout. Qu'ils sont mesquins, ces petits hommes qui jouent les politiques et s'imaginent agir en philosophes ! Petits morveux !

Marc Aurèle, *Pensées*, IX, 29.

À *l'inverse de Platon voyant dans toute éloquence une*
tromperie, Fronton entend rétablir la hiérarchie des indiffé-
rents qu'il expose plusieurs fois à son disciple : être éloquent
ou bègue, quelle importance ? Mais mieux vaut pour autant
l'éloquence au bégaiement. Cette attitude, constitutive du
stoïcisme, se retrouve à de nombreuses reprises dans les
Pensées *de Marc Aurèle.*

Si tu m'interrogeais pour savoir si je désire une
bonne santé, je répondrais certes par la négative, si
j'étais philosophe : en effet, il n'est pas permis au sage
de rien désirer ou convoiter dont il se pourrait qu'il
le désire en vain ; et il ne désirera rien de ce qu'il voit
résider dans les mains de la Fortune. Cependant, si l'on
devait nécessairement choisir entre ces deux états, je
choisirais l'agilité d'Achille plutôt que l'infirmité de
Philoctète. On doit donc adopter une attitude similaire
en ce qui concerne l'éloquence : tu ne devrais pas trop
t'efforcer de la désirer, ni trop t'en détourner ; mais
s'il fallait choisir, tu préfèrerais de loin l'éloquence
aux balbutiements de l'enfant.

Fronton, *Sur l'éloquence,* II, 8.

Mais cette indifférence peut paraître parfois désespé-
rante : si face à l'exigeante sagesse, tout le reste est d'égale
vacuité, « à quoi bon » ?

Cela revient au même d'être témoin de ce
spectacle cent ans ou trois ans.

Marc Aurèle, *Pensées,* IX, 37.

L'homme s'attache pourtant à dépasser, autant que faire se peut, cette fatalité.

Ne fais pas comme si tu devais vivre dix mille ans. L'inévitable est suspendu sur toi. Tant que tu vis, tant que c'est possible, deviens homme de bien.

Marc Aurèle, *Pensées*, IV, 17.

Il faut viser le bien, malgré la vacuité ; agir malgré l'inévitable, sans jamais, pour autant, l'oublier. Aussi les achèvements sont-ils minces ; mais leur finesse fait aussi leur valeur, c'est pourquoi : « ce petit résultat, ce n'est pas peu de chose ». Il faut chercher au-dedans où chemine la voie vertueuse, et trouver la force de la gravir.

Fouille en dedans. C'est en dedans qu'est la source du bien et elle peut jaillir sans cesse, si tu fouilles toujours.

Marc Aurèle, *Pensées*, VII, 59.

Ainsi l'empereur accepte mais agit. Et si la source du bien est dedans, ainsi l'est celle du mal. Ce mal, c'est refuser ce qui est, penser à ce qui n'est pas, n'est plus, ou pas encore. C'est préférer ce qui n'est pas à ce qui est : c'est l'imagination.

Abolis l'imagination. Arrête cette agitation de pantin. Délimite le moment présent. Reconnais ce qui arrive, à toi ou à autrui. Divise et analyse l'objet donné en sa cause et en sa matière. Pense à ta dernière heure. La faute commise par cet homme, laisse-la où elle a pris naissance.

Marc Aurèle, *Pensées*, VII, 29.

Marc Aurèle refuse les chimères, les intentions, les peines. Il s'agit pour lui d'accepter le destin, de se contenter du présent, d'en faire le meilleur, mais de préférer aussi, lorsqu'il vient, le plaisir au déplaisir, et, conformément à sa nature, de prendre partie au monde sensible. Il s'agit d'accepter, simplement, d'être homme.

Votre arrière grand-père, très grand homme de guerre, se laissait pourtant charmer parfois par les comédiens et de plus, buvait assez volontiers ; par ses soins, pourtant, le peuple romain, lors de triomphes, but très souvent du vin doux. De même, votre grand-père, prince averti et diligent, attentif non seulement à régir le monde, mais aussi à l'arpenter, accordait une attention particulière, nous le savons bien, à la musique et aux joueurs de flûte, et, en outre, ne dédaignait pas de prendre de copieux repas. Par ailleurs, votre père, cet homme divin surpassant en prévoyance, en pudeur, en modération, en intégrité, en piété, en probité, toutes les qualités morales de tous les dirigeants du monde, fréquentait pourtant la palestre[3], pêchait et riait des bouffons.

Fronton, *Sur les vacances à Alsium*, III, 5.

_____

3. Lieu où l'on pratique la lutte.

LA MORT
DU « PHILOSOPHE-ROI »

Si c'est pour entrer dans une nouvelle existence, là non plus rien n'est vide de dieux. Si c'est pour être dans l'insensibilité, tu cesseras donc de supporter la peine et le plaisir et de servir une enveloppe d'autant plus vile que la partie subordonnée lui est supérieure : l'une est intelligence et divinité, l'autre n'est que boue et sang impur.

Marc Aurèle, *Pensées*, III, 3.

Nous sommes en mars 180. Marc Aurèle a bientôt 59 ans et dirige l'empire depuis 19 ans presque jour pour jour. Sur la route d'une énième campagne, il tombe malade, probablement de la peste. Comme tout homme, empereur ou non, il doit mourir, et comme tout philosophe, il s'y est préparé.

Marc Aurèle était déjà vieux et accablé, non seulement par l'âge, mais encore par les travaux et les soucis, lorsqu'au cours d'un séjour en Pannonie, il tomba gravement malade. Soupçonnant qu'il n'avait qu'un médiocre espoir de conserver la vie et voyant que son fils commençait à parvenir à l'adolescence, il craignit que ce dernier, une fois qu'il serait arrivé à la pleine jeunesse et se trouverait pourvu, après la

mort de son père, d'un pouvoir sans borne et sans
frein, ne devînt rétif à la pratique des belles études
et des belles occupations et ne s'adonnât à l'ivresse
et à la débauche. L'esprit des jeunes gens n'éprouve
en effet aucune difficulté à délaisser les beautés de
la culture pour glisser au plaisir.

Homme de grande instruction, l'empereur était
vivement impressionné par le souvenir des souverains
qui avaient reçu jeunes le pouvoir royal, qu'il s'agît du
tyran Denys de Sicile, qui, effet d'une intempérance
extrême, cherchait à prix d'or de nouveaux plaisirs,
ou des successeurs d'Alexandre, qui, par leurs excès
et leurs violences sur leurs sujets, avaient déshonoré
son Empire.

Ce qui, plus encore, chagrinait Marc Aurèle,
c'était le souvenir d'évènements qui, loin d'être
anciens, s'étaient produits récemment : l'attitude
de Néron, qui en était venu à tuer sa mère et s'était
donné en spectacle à la risée des foules, ou les auda-
ces de Domitien, qui avaient atteint le comble de
la cruauté.

À se représenter de telles tyrannies, l'empereur
n'éprouvait que crainte et appréhension. Il était
très inquiet du voisinage des Germains, dont il ne
s'était pas encore complètement rendu maître : il
en avait amené certains, par la persuasion, à faire
alliance, en avait soumis d'autres par les armes, mais
d'autres encore avaient, pour le moment, pris la fuite
et fait retraite, tant ils redoutaient la présence d'un
empereur tel que lui. Aussi appréhendait-il que,

pleins de mépris pour le jeune âge de Commode, ils ne s'attaquent à lui : le Barbare adore en effet se rebeller, fût-ce à la première occasion, et entre fort aisément en dissidence.

Devant tant de soucis qui, telle une houle, s'agitaient au plus profond de lui, Marc Aurèle convoqua ses amis et tous ceux de ses proches qui étaient présents, puis il fit venir son fils au milieu d'eux. Quand ils se trouvèrent tous réunis, il se souleva doucement sur son lit de repos et prononça en substance le discours suivant :

« L'affliction que vous manifestez à me voir dans l'état où je suis ne m'étonne nullement : les hommes sont naturellement portés à la pitié quand leurs semblables connaissent des épreuves, et le spectacle du malheur d'autrui accroît leur commisération. Mais je pense obtenir de vous plus encore, car compte tenu des dispositions que j'éprouve à votre égard, j'ai de bonnes raisons d'espérer qu'en échange vous m'accorderez votre sympathie. Voici donc maintenant une bonne occasion, pour moi d'abord de constater que je ne vous ai pas vainement entourés, durant si longtemps, de marques d'honneur et d'intérêt, et pour vous de m'en témoigner de la reconnaissance en montrant que vous n'oubliez pas les bienfaits que vous avez reçus. Mon fils, ce fils que vous avez vous-même élevé, parvient tout juste à l'adolescence, comme vous le voyez ; il a besoin, dans cette mauvaise saison pleine de tempête, de pilotes pour le gouverner afin d'éviter que, entraîné par une connaissance insuffisante de ses devoirs, il ne s'adonne à de détestables pratiques. Je suis seul, vous êtes nombreux : soyez pour lui autant de pères, et entourez-le de soins et d'excellents conseils. Il n'est pas de richesses, si abondantes soient-elles, qui satisfassent l'intempérance d'une tyrannie, pas plus qu'il n'est de garde personnelle qui suffise à sauver un souverain s'il ne jouit pas lui-même de la sympathie de ses sujets. Les maîtres du pouvoir qui sont parvenus à le rester longtemps sans courir de danger, ce sont principalement ceux qui ont instillé dans le cœur de leurs administrés non la crainte que produit la cruauté, mais le désir d'éprouver la bonté de leurs gouvernants. Car seuls connaissent le soupçon et les flatteries mensongères, pour les prodiguer ou les éprouver, les gens que l'on réduit par la contrainte à servir, non ceux que l'on amène par la persuasion à obéir : ceux-ci, en effet, les ignorent totalement, et jamais ils ne se montrent récalcitrant, à moins d'y être poussés par la violence et les excès qu'ils subissent. Mais quand on dispose du pouvoir, il est difficile de se modérer et d'imposer des limites à ses passions. Donnez donc de tels avis à mon fils et rappelez-lui les propos que sa présence ici lui permet d'entendre : vous ferez alors de lui le meilleur empereur qui soit, pour vous comme pour le monde entier, et vous rendrez les plus grands services à ma mémoire, car c'est à cette unique condition que vous pourrez l'éterniser. »

Marc Aurèle n'en dit pas plus : un évanouissement survint et le réduisit au silence. Faible et abattu, il retomba sur son lit. La douleur saisit alors toute l'assistance au point que certains, incapables de se contenir, en vinrent à pousser des cris de désespoir.

L'empereur vécut encore une nuit et un jour, puis expira, laissant à ses contemporains des regrets, et à la postérité l'éternel souvenir de sa vertu.

Hérodien, *Histoire des empereurs romains*, I, 3, 1-5, 4, 1-7.

En somme, considérer toujours les choses humaines comme éphémères et sans valeur : hier, un peu de glaire ; demain, momie ou tas de cendres. Cette durée infinitésimale, passe-la donc au gré de la nature et termine ta vie l'âme satisfaite : telle l'olive arrivée à maturité tomberait en bénissant la terre qui l'a portée et en rendant grâce à l'arbre qui l'a fait croître.

Marc Aurèle, *Pensées*, IV, 48.

La nouvelle se propage dans la ville puis dans l'empire entier, et nul ne reste insensible à la perte du grand homme.

Lorsque la nouvelle de sa mort parvint à Rome, le deuil public bouleversa la Ville ; les sénateurs, revêtus d'habits sombres, se rassemblèrent en pleurant dans la Curie. Et ce que l'on avait cru difficilement de Romulus, tous, d'un même sentiment, présumèrent que Marc Aurèle était reçu au ciel. En son honneur on décréta des temples, des colonnes et bien d'autres hommages.

Pseudo-Aurélius Victor, *Abrégé des césars*, XVI, 13, 14.

Une fois que le bruit de sa mort se fut répandu, tous les soldats furent pareillement étreints par le deuil, et l'on ne vit personne, dans l'Empire romain, recevoir sans pleurer une telle nouvelle. Comme à l'unisson, tous célébraient en lui tantôt un père vertueux, tantôt le bon empereur, tantôt le vaillant général, tantôt le souverain vaillant et sage, et il n'y avait personne pour mentir.

Hérodien, *Histoire des empereurs romains*, I, 4, 8.

Dion Cassius, dans son Histoire romaine, *lui rend ce dernier hommage :*

Il se montra, dans son gouvernement, le meilleur de tous les hommes qui aient jamais exercé une autorité quelconque ; toutefois les forces de son corps ne lui permirent pas une foule d'œuvres d'homme, bien qu'il l'eût amené d'une très grande faiblesse à une très grande énergie. Il passa la plus grande partie de sa vie dans la bienfaisance, vertu à laquelle il bâtit un temple au Capitole, en l'appelant d'un nom tout particulier et inconnu jusque-là. Il s'abstenait, en effet, de tous les vices et ne commettait de fautes ni volontairement ni involontairement ; quant à celles des autres et surtout de sa femme, il les supportait sans les rechercher ni les punir ; loin de là, si

quelqu'un faisait une chose utile, il lui donnait des
éloges et l'employait à cette chose, sans s'inquiéter
du reste ; disant que, puisqu'il est impossible de
faire que les hommes soient tels qu'on les voudrait
avoir, il convient d'employer ceux qui existent pour
la chose où chacun d'eux rend service à l'État. Tout
chez lui avait pour source non la feinte, mais la vertu,
la chose est évidente, car, durant les cinquante-huit
ans deux mois vingt-deux jours qu'il a vécu, et sur
lesquels, soit pendant le temps assez long qu'il passa
d'abord sous le gouvernement de son père Antonin,
soit pendant les dix-neuf ans onze jours qu'il fut
lui-même maître absolu du pouvoir, il se montra en
tout semblable à lui-même et ne se démentit jamais.
C'est qu'il fut véritablement un homme vertueux,
et qu'il n'y avait pas de feinte chez lui.

Il sut tellement plaire, dès son enfance, à tous ses
parents, qui étaient nombreux, puissants et riches,
qu'il fut aimé de tous ; c'est aussi pour cela principalement qu'après qu' Hadrien l'eut, en l'adoptant,
fait entrer dans sa famille, loin de montrer de l'orgueil, il resta, bien que jeune et César, docilement
soumis à Antonin durant tout son règne, et honora
avec modestie les premiers citoyens. Il saluait dans
la maison qu'il habitait près du Tibre, avant d'aller
voir son père, les citoyens constitués en dignité,
non seulement sans revêtir la toge qui convenait à
son rang, mais encore habillé en simple particulier,
et dans la chambre même où il couchait. Il visitait
souvent les malades, et se rendait assidûment chez

ses professeurs. Telle était l'excellence de son naturel, et tel fut le fruit qu'il retira de son éducation.

Histoire romaine, 71, XXXIV-XXXV.

Le jour de ses funérailles, personne ne crût devoir le pleurer, tant l'on était persuadé que, prêté par les dieux à la terre, il était retourné vers eux. Plusieurs écrivains disent qu'avant la fin de la cérémonie, le peuple et le Sénat le nommèrent ensemble et tout d'une voix *le dieu propice* ; ce qui ne s'était jamais fait jusque-là, et ne se fit jamais depuis. Mais cet homme si vertueux, si grand, ce prince que sa vie rendit pareil aux dieux, que sa mort fit leur égal, laissa pour fils Commode ; heureux, s'il ne lui eût pas donné le jour ! C'était peu que tout le monde, sans distinction d'âge, de sexe et de condition, lui eût déféré les honneurs divins ; on traitait encore de sacrilège quiconque, ayant dû ou pu l'acquérir, n'avait pas chez soi l'effigie de ce prince. Aujourd'hui même on trouve dans beaucoup de maisons des statues de Marc Aurèle, à coté de celles des dieux pénates ; et quelques personnes ont assuré qu'il leur avait prédit en songe des choses qui sont arrivées. On lui bâtit un temple ; on lui donna des pontifes Antoniens, une communauté de prêtres, des flamines ; enfin tout ce que l'Antiquité assigne à ceux que l'on consacre.

Histoire auguste (Julius Capitolinus),
Vie de Marc Aurèle, XVIII.

COMMODE
OU LA SUCCESSION INDIGNE

*Si tout le monde s'accorde à louer le père, le fils ne
bénéficie pas de tels augures, et un soleil menaçant se lève
sur Rome le 18 mars 180. Les ombres semblent porter plus
loin que de coutume, en ce jour où le règne de Commode, le
tyran gladiateur, débute. L'empire retrouve une fois de trop
ses démons passés, et sa grandeur délavée à force de trop de
sang versé entame un déclin irréversible.*

Quelques auteurs prétendent (ce qui est assez vrai-
semblable) que Commode Antonin, son successeur et
son fils, n'était pas né de lui, mais d'un adultère, et
voici l'histoire telle qu'on la raconte communément.
Faustine, fille d'Antonin le Pieux et femme de Marc
Aurèle, ayant vu, un jour, passer des gladiateurs
devant elle, conçut pour l'un d'eux le plus violent
amour ; et cette passion l'ayant rendue longtemps
malade, elle en fit l'aveu à son époux. Des Chaldéens,
que Marc Aurèle consulta, dirent qu'il fallait, après
avoir tué ce gladiateur, que Faustine se baignât dans
son sang, et couchât ensuite avec son mari. Ce conseil
ayant été suivi, l'amour de l'impératrice s'éteignit
en effet ; mais elle mit au monde Commode, qui
fut plutôt un gladiateur qu'un prince, puisqu'étant
empereur, il donna au peuple, comme on le verra
dans sa vie, le spectacle de près de mille combats de

gladiateurs. Ce qui accrédita ce bruit, ce fut de voir
le fils d'un si vertueux père réunir en lui des vices
qu'on ne trouve même pas dans un maître d'escrime,
dans un histrion, dans un esclave de l'arène, enfin
dans ceux qui semblent faits pour en donner l'abo-
minable exemple. Mais l'opinion générale est que ce
prince fut réellement le fruit d'un adultère ; et l'on
sait, en effet, que Faustine se choisissait des amants,
à Caïète, parmi les matelots et les gladiateurs. Marc
Aurèle, à qui l'on conseillait de la répudier, puisqu'il
ne la faisait pas périr, répondit : « Si je renvoie ma
femme, il faut que je rende aussi sa dot » Il entendait
par là l'empire, qu'il tenait de son beau-père, lequel
l'avait adopté d'après l'ordre d'Hadrien.

Histoire auguste (Julius Capitolinus),
Vie de Marc Aurèle, XIX.

Fut-il si difficile d'admettre qu'un tel père puisse engen-
drer un tel fils, au point de tisser une rumeur sur cette
bâtardise ou bien Commode fut-il réellement le fruit d'un
adultère honteux ? Toujours est-il que tous s'accordent à
déplorer cette succession aussi indigne que brutale.

Son successeur, Commode, n'eut rien de commun
avec son père, sauf qu'il combattit avec succès contre
les Germains, et en personne. Il tenta de donner son
nom au mois de septembre et de le faire appeler
Commode. Mais, dépravé par la luxure et l'obscé-
nité, il combattit avec des armes de gladiateur très
souvent dans la salle d'exercices, ensuite souvent

jusque dans l'amphithéâtre avec des hommes de ce genre. Il eut une mort subite au point qu'on crut qu'il avait été, soit étranglé, soit tué par le poison, alors qu'il avait régné douze ans et huit mois après son père ; il fut l'objet d'une telle exécration de la part de tous que, même une fois mort, on le déclara ennemi du genre humain.

Eutrope, *Abrégé d'histoire romaine*, VIII, 15.

Son fils dont la tyrannie dès les commencements se montra cruelle était tenu pour un homme particulièrement détestable ; surtout face au souvenir tout opposé laissé par ses ancêtres, souvenir d'autant plus accablant pour les descendants que, indépendamment de la haine qu'inspirent communément les impies, ils sont plus dignes d'exécration en tant que corrupteurs de leur propre race.

Aurélius Victor, *Livre des césars,* XVII, 1.

Après avoir élevé et instruit son fils aussi bien que possible, Marc Aurèle fut complètement déçu dans ses espérances. Pour nous aujourd'hui, comme les affaires pour les Romains de ce temps, l'histoire est tombée d'un règne d'or dans un règne de fer et de rouille.

Dion Cassius, *Histoire romaine*, 71, XXXVI.

ÉPILOGUE

Ne vagabonde plus. Tu n'es plus destiné à relire tes notes, ni les histoires anciennes des Romains et des Grecs, ni les extraits de traités que tu réservais pour tes vieux jours. Hâte-toi donc au but, dis adieu aux vains espoirs et viens-toi en aide, si tu te soucies de toi-même, tant que c'est encore possible.

Marc Aurèle, *Pensées*, III, 14.

La vie d'un prince irréprochable, sa sagesse, son égalité d'âme, sa piété, jettent sur lui un éclat que les vices mêmes de ses proches ne peuvent ternir. Des courtisans artificieux, un fils gladiateur, une épouse infâme, ne l'empêchèrent pas d'être toujours le même. Il a été regardé comme un dieu jusque dans notre siècle, et vous l'avez toujours considéré comme tel, illustre Dioclétien. Il n'est pas pour vous une divinité ordinaire ; vous lui avez voué un culte particulier, et vous formez souvent le vœu d'imiter la vie et la bonté de ce prince, sur lequel Platon lui-même, avec toute sa philosophie, ne l'emporterait pas, s'il revenait au monde.

Histoire auguste (Julius Capitolinus),
Vie de Marc Aurèle, XIX, 2.

CHRONOLOGIE

98 –	27 janvier : Trajan empereur, début de la dynastie des Antonins.
117 –	10 août : mort de Trajan, avènement d'Hadrien.
121 –	26 avril : naissance de M. Annius Vérus, le futur Marc Aurèle.
126 –	Marc Aurèle est fait chevalier.
128 –	Marc Aurèle devient Salien.
130 –	Mort du père biologique de Marc Aurèle.
130 –	15 décembre : naissance de Lucius Vérus.
132 (?) –	Naissance de Faustine la jeune, future épouse de Marc Aurèle.
135-136 –	Marc Aurèle prend la toge virile et est fiancé à Ceionia Fabia, fille de Aelius César, adopté par Hadrien.
136-137 –	Fronton maître de Marc Aurèle.
137 –	31 décembre : mort de Aelius César.
138 –	25 janvier : Hadrien adopte Antonin, qui adopte lui-même Lucius Vérus et Marc Aurèle.
138 –	10 juillet : mort d'Hadrien, Antonin le Pieux empereur. Marc Aurèle est fiancé à Faustine la jeune.

	5 décembre : Marc Aurèle questeur, consul désigné, et César.
139 –	Début de sa correspondance avec Fronton.
145 –	Mariage avec Faustine la jeune.
147 –	Naissance de sa fille Annia Galeria Aurélia Faustina.
149 –	9 mars : naissance de sa seconde fille Annia Aurélia Galeria Lucilla.
150 (env.) –	Naissance de sa troisième fille Arria Fadilla.
154 –	Lucius Vérus est désigné questeur.
161 –	31 août : naissance de son fils, Commode. 7 mars : mort d'Antonin le Pieux. Avènement de Marc Aurèle, qui s'associe Lucius Vérus. Il le fiance à sa fille Annia Lucilla. Invasion des Parthes en Arménie.
162 –	Lucius Vérus part pour l'Orient.
162-163 –	Naissance de son second fils M. Annius Vérus César. Avidius Cassius est aux commandes en Syrie.
164 –	Contre-attaque des Parthes avec Vologèse. Mariage de Lucius Vérus et Lucilla à Éphèse.
166 –	Retour de Lucius Vérus, Avidius Cassius gouverne alors la Syrie. 12 octobre : triomphe sur les Parthes. Commode est fait César.

167 – Début de la peste (?). Troubles avec les Germains.

168 – Départ de Marc Aurèle et Lucius Vérus contre les Marcomans.

169 – Février (?) : mort de Lucius Vérus. Marc Aurèle retourne à Rome. Son plus jeune fils, M. Annius Vérus, décède des suites d'un abcès à l'oreille.

169-170 – Invasion des Marcomans et des Quades en Italie.

171 – Marc Aurèle commence à rédiger ses *Pensées*. Victoire sur le front du Danube.

172 – Défaite des Marcomans grâce au miracle de la foudre.

174 – Marc Aurèle combat les Iazyges à Sirmium.

175 – Avril-mai : révolte et trahison d'Avidius Cassius.

7 juillet : Commode reçoit la toge virile.

Marc Aurèle est en Syrie, puis en Égypte. Faustine la jeune meurt à Halala.

176 – Marc Aurèle est initié aux Mystères d'Éleusis.

Octobre : retour à Rome.

23 décembre : triomphe de Marc Aurèle et de Commode.

177 – Commode associé à l'empire, et fait consul.

Juin-juillet : persécution des Chrétiens à Lyon.

178 – Départ de Marc Aurèle et de son fils Commode pour la Germanie.

Tremblements de terre à Smyrne.

180 – 17 mars : mort de Marc Aurèle à Carnuntum ou Vindobona.

ARBRE GÉNÉALOGIQUE

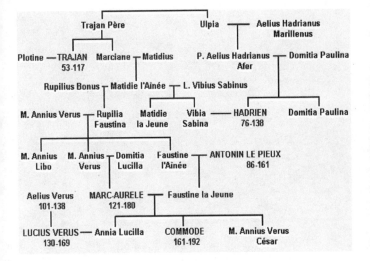

BIOGRAPHIE DES AUTEURS

Ammien Marcellin (v. 330 - v. 400)

Historien latin d'origine grecque, il nait à Antioche. Officier, il sert dans l'armée de Julien, avant de se consacrer à l'écriture une fois retourné à la vie civile romaine. Ses *Histoires*, qu'il entreprit d'écrire de Nerva (96) à la mort de Valens (378) nous sont parvenues amputées de moitié : elles commencent en 353 sous Julien, son héros. Celui-ci, grand admirateur de Marc Aurèle, se réfère parfois à ses actes ou ses dires, ce qui nous fournit quelques anecdotes supplémentaires, bien qu'à prendre avec prudence.

Aurélius Victor, et pseudo (v.330 - 390)

Ce haut fonctionnaire, exclusivement civil, est né en Afrique du Nord. Il écrit en 360 une biographie des empereurs romains d'Auguste à Constance II. Ces portraits, succincts et souvent moralisateurs, sont très souvent critiques envers l'armée et les personnages de cursus militaire. Il éclaire donc ces périodes d'une lueur assez circonspecte, prenant le contrepied de certains témoignages trop laudatifs.

Dion Cassius (155 - 235)

Né à Nicée en Asie mineure, il s'établit très tôt à Rome et occupe de grandes fonctions, jusqu'au consulat, sous Septime Sévère, dont il s'est fait l'ami.

Un rêve lui dicte d'entreprendre la rédaction d'une histoire romaine s'étendant de ses origines lointaines jusqu'en 229, année du consulat de son protecteur Alexandre Sévère. Sur 80 livres, seuls ceux traitant de la période de 69 av. J.-C. jusqu'à 46 ap. J.-C. sont aujourd'hui conservés, ainsi qu'un abrégé des livres 61 à 80, qui nous intéressent ici.

Féru de rhétorique, il donne, entre autres, dans les nombreux dialogues ou discours (fictifs) qu'il prête à ses personnages, un aperçu lyrique mais fiable de l'éloquence des grands hommes de son temps.

Eusèbe de Césarée (v. 265 - v. 340)

Écrivain, évêque en Palestine et théologien grec ; bien qu'il ne soit pas officiellement reconnu comme un Père de l'Eglise, ses écrits n'en constituent pas moins la source fondamentale et première de l'histoire ecclésiastique. Sans son témoignage, de nombreux textes seraient aujourd'hui perdus et plus âpre serait la compréhension de l'implantation du christianisme dans l'Empire romain.

Eutrope (IVe siècle)

On se sait pas grand-chose de la vie de cet historien sauf qu'il servit sous l'empereur Julien, qu'il accompagna dans son expédition contre les Perses en 363, puis rédigea pour l'instruction de l'empereur Valens (364-378) un abrégé de l'histoire romaine depuis Romulus jusqu'à la mort de l'empereur Jovien en 364. C'est la seule œuvre qu'il nous laisse, dans laquelle il traite plus particulièrement des guerres, dans un style concis et très clair, qui permet de saisir l'essentiel des différents règnes en peu de temps.

Festus (IVe siècle)

Il fut, sur le modèle d'Eutrope, mandé par l'empereur Valens pour rédiger un abrégé de l'histoire romaine jusqu'à l'avènement de celui-ci. Son ouvrage, encore plus sec que celui d'Eutrope, se divise en deux grandes parties : l'expansion progressive de Rome (résumé de Tite-Live), et les guerres contre l'Orient, en particulier contre les Parthes qui nous intéressent plus particulièrement ici.

Fronton (v. 100 - v. 170)

Rhéteur romain affilié au stoïcisme ; grandement considéré par Antonin le Pieux, il fut en charge de l'éducation des princes Marc Aurèle et Lucius Vérus. Considéré en son temps comme le plus grand orateur après Cicéron, il fut un personnage central dans la vie de notre empereur. Il nous a laissé une abondante correspondance permettant de saisir l'influence majeure tant politique que philosophique qu'il eut sur Marc Aurèle.

Galien (129 - 199)

Médecin, écrivain et philosophe, il nait à Pergame avant de devenir médecin de la cour à Rome, sous Marc Aurèle puis Commode. Il subsiste actuellement environ un tiers de ses écrits à caractère

scientifique et philosophique, dans la lignée d'Hip-
pocrate, son maître. Ils nous offrent une mine précieuse de renseignements sur le contexte sanitaire
de l'époque, où la peste, notamment, frappe à de
multiples reprises.

Hérodien (175 - 249)

Cet historien qu'on pense originaire d'Asie
mineure choisit dans son unique ouvrage *Histoire
des empereurs romains* de balayer les soixante-dix années
dont il estime avoir été le témoin. Il fut une des
sources de l'auteur de l'*Histoire auguste*. Très jeune
lorsque Marc Aurèle meurt, son livre s'ouvre sur les
derniers jours de cet empereur.

Histoire auguste (fin du IVe siècle)

Recueil de biographies impériales probablement
rédigées à la demande de Dioclétien, l'*Histoire auguste*
pose problème aux historiens : a-t-elle été rédigée
par les six auteurs mentionnés devant les différents
textes (Aelius Spartianus, Vulcacius Gallicanus,
Aelius Lampridius, Julius Capitolinus, Trebellius
Pollio et Flavius Vopiscus) ? Ou ces pseudonymes
cachent-ils un seul et même auteur, inconnu, qui
aurait été sénateur ?

Toujours est-il que sur le modèle de l'historien
Suétone, cette source qui couvre la période de 117 à
284 (sont perdus aujourd'hui les livres de la période
de 244 à 253), regorge de faits et s'attache à la per-
sonnalité des empereurs décrits. Déviant parfois vers

des rumeurs infondées ou des anecdotes superficielles, elle amuse et instruit sur les mœurs et les centres d'intérêts d'alors. C'est également le seul recueil à s'intéresser aux princes et aux usurpateurs, qu'ils aient régné ou non.

Lucien (v. 120 - 180)

Exact contemporain de l'empereur, il est né en Syrie, à Samosate. Brillant esprit de son temps, satiriste acerbe, il ne cesse de moquer dans son œuvre prolifique (on lui attribuerait 80 ouvrages) les mœurs superstitieuses et contradictoires de cet « âge d'angoisse », que fût le IIe siècle. Il pratique tous les genres littéraires, notamment pour les parodier, et se fait un témoin idéal car moins panégyriste que les autres de la société et de l'empire sous Marc Aurèle.

Sénèque (v. 1 av J.-C. - 65 ap. J.-C.)

Né à Cordoue en Espagne, il revient à Rome vers 20 ans après avoir été initié aux mystères des cultes égyptiens, pour entamer un *cursus honorum* qui le conduira jusqu'au palais royal. Jalousé par Caligula, écarté par Claude, il devient à la demande d'Agrippine l'instructeur du jeune prince Néron, auprès duquel il restera toute sa vie avant de devoir se suicider sur ordre de celui-ci. Stoïcien, proche du pouvoir, il est une immense source d'inspiration pour Marc Aurèle.

Tertullien (v. 150-160 - v. 230-240)

Écrivain de langue latine, il est né à Carthage et issu d'une famille berbère païenne. Converti au christianisme à la fin du IIe siècle, il devient un des chefs de file de la communauté chrétienne de Carthage. Controversé, car dénonçant les cultes païens tout en se convertissant à la fin de sa vie au montanisme, il n'en reste pas moins un des grands auteurs théologiens dont nous avons conservé une grande partie de l'œuvre.

BIBLIOGRAPHIE

Les traductions des auteurs anciens cités sont extraites d'ouvrages publiés aux éditions Les Belles Lettres, excepté les livres de l'Histoire auguste consacrés à Marc Aurèle, Lucius Vérus, et Avidius Cassius, traduits par Théophile Baudement, le livre 71 de l'Histoire romaine de Dion Cassius, traduit par Étienne Gros et V. Boissée, L'Histoire ecclésiastique d'Eusèbe de Césarée, traduite par Émile Grapin, À Scapula, de Tertullien traduit par E.-A. Genoude et l'Eunuque, de Lucien, traduit par Eugène Talbot.

Ces textes ont été parfois revus et remaniés par Paméla Ramos.

Ammien Marcellin

Histoires, T. III : Livres XX-XXII, sous la direction de J. Fontaine, texte établi, traduit et annoté par J. Fontaine, avec la collaboration de E. Frézouls et de J.-D. Berger, Collection des Universités de France, Paris, 1996, 2ᵉ tirage 2002.

Histoires, T. IV, 1ᵉʳᵉ partie, texte établi et traduit par J. Fontaine, Collection des Universités de France, Paris, 1977, 2ᵉ tirage 2002.

Aurélius Victor, *Livre des Césars*, texte établi et traduit par P. Dufraigne, Collection des Universités de France, Paris, 1975, 2ᵉ tirage 2003.

Aurélius Victor (Pseudo-), *Abrégé des Césars*, texte établi, traduit et commenté par M. Festy, Collection des Universités de France, Paris, 1999, 2ᵉ tirage 2002.

Eutrope, *Abrégé d'histoire romaine*, texte établi et traduit par J. Hellegouarc'h, Collection des Universités de France, Paris, 1999, 2ᵉ tirage 2002.

Festus, *Abrégé des hauts faits du peuple romain*, texte établi et traduit par M.-P. Arnaud-Lindet, Collection des Universités de France, Paris, 1994, 2ᵉ tirage 2002.

Fronton, *Correspondance*, textes traduits et commentés par P. Fleury avec la collaboration de S. Demougin, Collection Fragments, Paris, 2003.

Galien, *Œuvres*, T. I, texte traduit par V. Boudon-Millot, Collection des Universités de France, Paris, 2007.

Hérodien, *Histoire des empereurs romains de Marc Aurèle à Gordien III*, texte traduit et commenté par D. Roques, Collection La Roue à Livres, Paris, 1990.

Histoire auguste, T. I, 1ᵉʳᵉ partie, Vies d'Hadrien, Aelius, Antonin, texte établi et traduit par J.-P. Callu, O. Desbordes et A. Gaden, Collection des Universités de France, Paris, 1992, 2ᵉ tirage 2002.

Lucien, *Alexandre ou le faux prophète*, texte établi et traduit par Marcel Caster, introduction et notes de Pierre-Emmanuel Dauzat, Classiques en poche, Paris, 2001, 2e tirage 2002.

Marc Aurèle, *Pensées*, texte traduit par A.- I. Trannoy, Collection Les Grandes Œuvres de l'Antiquité Classique, Paris, 1947.

Sénèque, *Lettres à Lucilius*, T.4, texte établi par François Préchac et traduit par Henri Noblot, Collection des Universités de France, Paris, 2003, 6e tirage.

Tertullien, *Apologétique*, texte établi et traduit par Jean-Pierre Waltzing, avec la collaboration d'Albert Severyns, Collection des Universités de France, Paris, 1929, 4e tirage 2003.

Autres sources

Bowersock, Glen W., *Rome et le martyre*, Flammarion, collection Champs, Paris, 2002.

Brun, Jean, *Les Stoïciens*, 11e édition, Presses universitaires de France, Paris, 2003.

Christol, Michel, Nony, Daniel, *Rome et son empire*, Hachette, Paris, 3e édition 2007.

Dodds, Eric Robertson, *Pagan and Christian in an Age of Anxiety*, 6ᵉ tirage paperback, Cambridge University Press, Cambridge, 2001.

Grimal, Pierre, *Marc Aurèle*, Fayard, Paris, 1991, nouvelle édition 2006.

Hadot, Pierre, *Introduction aux « Pensées » de Marc Aurèle*, Fayard, collection LGF références, Paris, 1997.

Lameere, William, *Problèmes d'histoire du christianisme, Tome V, L'empereur Marc Aurèle*, Éditions de l'Université de Bruxelles, Bruxelles, 1974-1975.

Marc Aurèle, *Écrits pour lui-même*, introduction générale et livre I, texte établi et traduit par Pierre Hadot, Les Belles Lettres, Collection des Universités de France, Paris, 2002, 2ᵉ tirage.

Marc Aurèle, *Pensées pour moi-même*, suivies du *Manuel* d'Épictète, traduction, préface et notes de Mario Meunier, Flammarion, collection GF, Paris, 1964.

Mattei, Paul, *Le Christianisme antique de Jésus à Constantin*, Armand Colin, Paris, 2008.

Renan, Ernest, *Marc-Aurèle et la fin du monde antique*, Calmann-Lévy, Paris, 1925 (23ᵉ édition).

Veyne, Paul, *Quand notre monde est devenu chrétien*, Albin Michel, Paris, 2007.

Stuart Mill, John, *De la liberté*, Gallimard, collection Folio, Paris, 1990.

TABLE

COLLECTION
SIGNETS BELLES LETTRES

dirigée par Laure de Chantal

Ce volume,
le quatrième
de la collection
La véritable histoire,
publié aux Éditions Les Belles Lettres,
a été achevé d'imprimer
en mai 2009
sur les presses
de la Nouvelle Imprimerie Laballery
58500 Clamecy, France

N° d'éditeur : 6884 – N° d'imprimeur : 905155
Dépôt légal : juin 2009
Imprimé en France